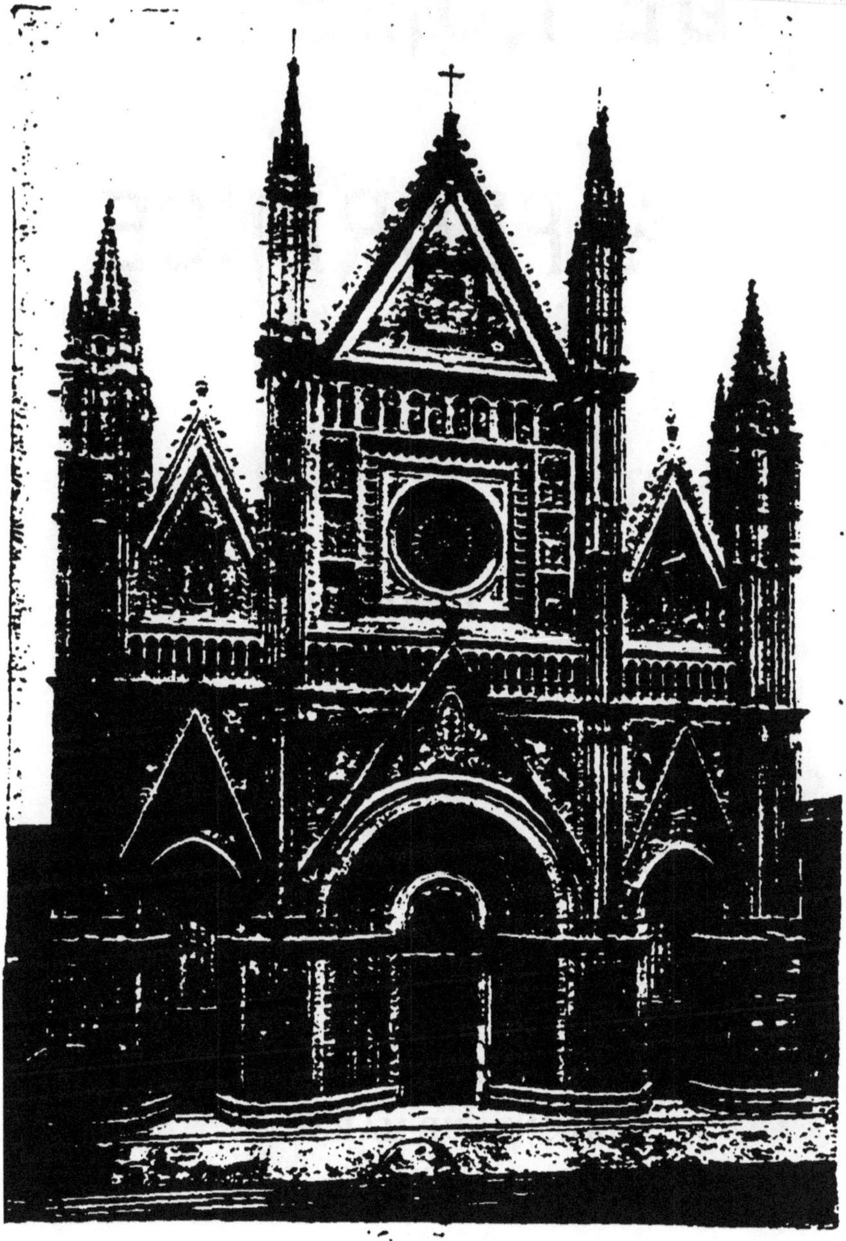

Cliché Alinari. CATHÉDRALE D'ORVIÉTO.

DE ROME

A FLORENCE

PAR

M. L'ABBÉ E. HURAULT

CHALONS-SUR-MARNE

POGRAPHIE-LITHOGRAPHIE MARTIN FRÈRES

PLACE DE LA RÉPUBLIQUE, 50

—

1907

AU BIENVEILLANT LECTEUR.

Le modeste touriste qui écrit ces lignes eut, pendant les vacances de 1906, en revenant de Rome, l'avantage de parcourir, avec un aimable compagnon de route, une partie de l'Etrurie et de l'Ombrie. Après son retour, il s'est assis devant son bureau et a fixé sur un cahier ses souvenirs.

M. le Directeur du *Journal de la Marne*, rempli lui-même d'indulgence et confiant en celle de ses abonnés, a bien voulu accueillir l'encombrant manuscrit. L'auteur se déclare très reconnaissant de cette faveur.

Le sujet qu'il va traiter n'est nullement inédit. Plusieurs artistes et hommes de lettres ont révélé aux Français les gracieuses cités de l'Italie centrale. M. de Navenne, par exemple, au temps où il gérait près du Vatican les affaires de France, a donné à la *Revue des Deux Mondes* un

2

curieux article sur Viterbe. En visitant Orviéto, Assise, Pérouse, M. Paul Bourget a éprouvé des « sensations » exquises dont il a fait part au public. L'année dernière, M. Schneider a publié sur l'Ombrie un volume bien pittoresque.

L'auteur des pages qui vont suivre n'émet donc pas la prétention de découvrir du nouveau. Il a rencontré en Italie des sanctuaires qu'il révère, des paysages et des œuvres d'art qu'il admire, des habitants qui l'ont gracieusement accueilli et dont la gaîté, l'exubérance et la foi ne lui déplaisent pas. Il connaît un peu la « nation sœur » de la France, il l'aime et se plaît à parler d'elle : voilà pourquoi il a osé publier ses notes de voyage. Qu'on veuille, sinon le lire, du moins l'excuser.

Abbé E. HURAULT.

DE ROME A FLORENCE

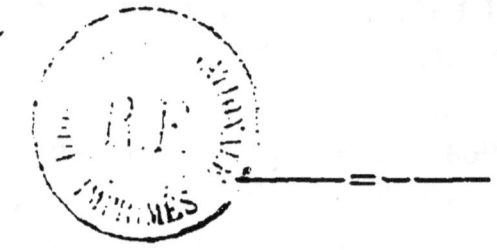

I.

FRASCATI.

Dimanche 16 septembre. — Un *aviso sacro* affiché aux portes de toutes les églises de Rome nous avait invités à prendre part au grand Pélerinage qui devait avoir lieu à Frascati.

L'occasion était séduisante de profiter du dimanche pour faire un tour à la campagne. Nous gagnons donc la gare, nous avons quelque peine à nous retrouver sous le hall encombré de trains ; enfin nous roulons *piano* et *sano* dans la banlieue romaine. Elle s'étend, maussade, à perte de vue ; les « arcs de triomphe » sur lesquels chemina l'*Aqua Claudia* forment en travers du steppe des tronçons de lignes imprécises. Au loin, à droite, on aperçoit les ruines des tombeaux qui marquèrent la Voie Appienne. On s'arrête une ou deux fois près de quelques masures, puis le paysage change tout à coup. Les monts Albains aperçus dans la brume, presque depuis le départ, se sont rapprochés; tout verdit, la vigne grimpe en ceps abondants le long des cannes de roseaux croisées ; nous longeons des maisons drapées de linge qui sèche et nous voici en gare de Frascati.

Une foule descend du train et s'échappe par l'issue de la station. Dans la cour, des cochers nous invitent à les suivre à *Grotta Ferrata* et à *Rocca di Papa*. Nous montons un long et large escalier de marbre blanc tout encombré de Romains endimanchés et de Romaines en toilettes claires. Sur la terrasse supérieure, des restaurants ont dressé leurs petites tables blanches que protègent des arbustes au in feuillage de roseaux. Une rue y débouche au-dessus de laquelle se balancent les guirlandes. Des fenêtres pendent les traditionnelles draperies italiennes, c'est-à-dire un rectangle d'étoffe qui fait vaguement songer à une descente de lit. Les Frascatiens, pauvres et riches, ont tenu à pavoiser ainsi leurs maisons, et ceux qui n'avaient pas mieux à montrer ont exhibé tout simplement l'un des jupons de leur femme.

Nous suivons la rue en fête. La foule y circule, les vendeurs de cartes postales y rugissent et un camelot brandit une perche au sommet de laquelle flottent des nœuds de rubans et tournent des moulins de papier.

La rue nous mène à la place de la Cathédrale ; elle est fort encombrée ; la foule se précipite à l'assaut du parvis. La façade toute plate et toute noire s'élève à contre jour ; aux fenêtres hautes des campaniles on aperçoit des sonneurs en bras de chemise qui à tour de rôle mettent en volée les cloches. La procession sort par le grand portail. Déjà plusieurs confréries ont défilé. Les pénitents avancent couverts de leur sac de toile blanche, bleue ou grise, et comme ils ont levé la cagoule qui se balance toute pointue dans leur dos, ils montrent bien bravement leur face glabre et leurs puissantes moustaches d'Italiens. Le gros souci de ceux qui franchissent en ce moment la porte de l'église, c'est d'en extirper une bannière. Cette bannière ne ressemble pas aux joujoux que nos fillettes en blanc promènent sous les nefs des églises françaises. C'est un véritable monument. Elle comporte une pièce d'étoffe entièrement peinte des deux côtés, aussi large que le portail, et suspendue à un bâton transversal que des hommes solides soutiennent par deux perches fixées à ses extrémités. Quatre autres confrères maintiennent le tout en équilibre au moyen de câbles dont les « cordons de la bannière » ne sont chez nous que des souvenirs atrophiés. Enfin, en tirant par devant, en poussant par derrière, en baissant le flottant édifice, en le tournant de côté, en s'ingéniant et en forçant, la bannière, à la satisfaction générale, franchit l'obstacle et se déploie sur le parvis. On devra répéter la même opération au moins quatre fois, car chaque confrérie a apporté son insigne. Ce sera ensuite un bien curieux spectacle que celui de ces étendards énormes qui, par-dessus les têtes des pèlerins, se gonfleront comme des voiles de navires.

Après les confréries, le clergé. Les religieux mendiants ouvrent la marche, comme, depuis le XIII° siècle, il convient à leur humilité ; puis viennent des séminaristes espagnols descendus d'une villa voisine ; ils marchent la tête couverte d'une barrette à pompon bleu. Les séminaristes diocésains les suivent ; puis avancent les prêtres Grecs de Grotta-Ferrata en costumes exotiques, les chanoines en luisants camails violets, enfin l'archiprêtre de la cathédrale en chape blanche et ses ministres en dalmatiques.

La procession défile silencieuse au milieu du peuple serré. Çà et là des carabiniers surveillent sa marche. L'*Avanti*, journal socialiste, a, en effet, promis une contre-manifestation ; aussi le gouvernement, qui tient au bon ordre, a-t-il envoyé sur les lieux quarante gendarmes et consigné deux cents fantassins.

La procession tourne sur un chemin en terrasse d'où subitement on aperçoit la campagne et Rome : une mer d'un bleu très pâle au milieu de laquelle s'élèverait un large remous. C'est le chemin qui conduit à l'église St-Roch. Devant le portail de cet édifice, est installée « la machine » qu'il s'agira tout-à-l'heure de transporter à la Cathédrale. C'est une sorte d'autel sous lequel on aurait enfilé d'énormes traverses destinées à le soulever. En arrière de la table s'élève une vraie muraille couverte d'une fresque de style péruginesque, encadrée d'or et protégée d'une vitre. Sur l'autel, des pots de fleurs, des candélabres, un reliquaire.

La fresque représente saint Roch et saint Sébastien debout et presque de grandeur naturelle. Il parait qu'un jour où la peste décimait Rome, cette merveilleuse image apparut sur un mur de l'église sous un badigeon qui subitement s'écailla. On considéra ce fait comme un signe du ciel ; des prières furent adressées à saint Roch et le fléau épargna Frascati. Aujourd'hui pour fêter l'anniversaire de ces événements, on va transporter solennellement à la Cathédrale la fresque elle-même, et elle y sera pendant un triduum, l'objet de la vénération.

*
* *

C'est à la porte de Saint-Roch que la Procession se complète et prend toute sa signification. On y rencontre de nouvelles confréries et surtout la musique municipale. Enfin les chanoines qui sont entrés dans une étroite ruelle, près de l'Eglise, en ramènent tout éblouissant de pourpre, le Cardinal-Evêque, l'Eminentissime Satolli.

L'archiprêtre saisit le reliquaire. Les confrères hissent sur leurs épaules l'autel, les pots de fleurs, les candélabres, et les Saints. Un épais cordon de gendarmes entoure le cardinal, le chef de musique compte une mesure pour rien et, au bruit des cuivres, aux chants des confréries et du clergé, aux carillons des cloches qui de St-Roch et de la Cathédrale sonnent en volée, la procession s'ébranle.

Elle s'engage dans les rues tournantes ; partie du bas de la Ville, elle va péniblement gravir les pentes qui, au dessous de hautes terrasses, conduisent à la rue pavoisée et à la place du Dôme. Contre des parapets d'où l'on domine le chemin, nous nous glissons au milieu de la foule. La longue théorie va gravement. Devant les confréries, l'on porte des croix de bois drapées d'étoffes rouges. Les bannières se soulèvent avec majesté ; de petits garçons vêtus de soie blanche et costumés en pages anciens précèdent le clergé ; les deux Saints, dans leurs cadres d'or, avancent au pas cadencé des porteurs, et le prince de l'église, traînant derrière lui des flots de soie écarlate, baisse en marchant son visage anguleux qui fait songer à celui de saint Charles.

La procession arrive devant le Dôme.

La place est littéralement remplie et sur les marches du parvis, la foule épaisse fait silence.

Dans les baies des hautes tours, les cloches, grosses et petites, mènent une joyeuse sarabande. En bas, les confréries défilent ; la musique municipale retentit. Au coin de la rue, apparait la « machine » avançant au-dessus des têtes, comme Saint Pierre sur les flots. Tous les hommes se découvrent, les femmes à la hâte drapent une dentelle sur leurs cheveux ; un photographe juché sur une échelle braque son objectif et, au milieu du pieux tintamarre dans lequel mêlent leur bruit, les cuivres, les cloches et les chants, Saint Roch et Saint Sébastien franchissent les degrès du parvis. Devant le portail, ils s'arrêtent ; on fait d'en bas de grands signes aux sonneurs pour qu'ils cessent leur vacarme ; l'archiprêtre récite une Oraison, puis bénit avec le reliquaire l'immense foule prosternée.

A ce moment le clergé rentre dans l'église et les assistants se dispersent.

— × —

II

VITERBE.

Lundi, 17 septembre. — A travers la fiévreuse Campagne où derrière des toiles métalliques les garde-barrières se défendent contre la Malaria, le long du lac et près du château de Bracciano le train nous conduit sans hâte jusqu'à Viterbe.

Nous avions quitté Rome deux heures après midi. Nous arrivâmes à la brune. Les habitantes de la ville aux belles fontaines trottaient, trois par trois, dans la rue. Les épaules couvertes d'un petit châle noir, elles riaient, elles bavardaient avec un extraordinaire entrain, et, sur leur visage qu'éclairaient les lampes électriques, se lisait la joie de vivre, et de respirer la fraîcheur du soir. *Buona passeggiata, Signore !*

⁂

Mardi, 18 septembre. — Dans la région romaine, les horloges remplissent leurs fonctions avec insistance. Elles prennent même le soin, chaque fois qu'elles sonnent la demie ou les quarts, de rappeler l'heure qu'elles ont annoncée précédemment. Bref, dans ce pays, elles se montrent obséquieuses.

Nous avions donc été très exactement renseignés et à plusieurs reprises par l'horloge de Viterbe, quand, ce matin-là, nous quittâmes les bras de Morphée.

Nous nous rendîmes au Dôme pour y célébrer la Messe. Ce Dôme n'offre rien de bien curieux, et l'on y méconnait autant qu'ailleurs l'usage du linge propre. Mais les chanoines s'y montrent particulièrement hospitaliers. Nous fûmes accueillis par deux d'entre eux. Les bons vieillards, la canne en main, nous préparèrent des ornements et nous hélèrent des enfants de chœur. Nos messes terminées, et après nous avoir conduits à l'endroit où l'on se lave les mains, ils nous ouvrirent les portes de tous les appartements capitulaires. Nous traversâmes le lieu où légifèrent les Pères Conscrits en aumusse. On nous fit vénérer des chasubles dont se revêtirent ceux des évêques de Viterbe qui devinrent Papes. Enfin, nous dûmes, d'un bout à l'autre, parcourir les salons du palais pontifical actuellement habité par l'Archevêque. Nous errâmes dans d'immenses salles. Le pavé ondulait sous nos pieds ; le long des murailles, les chaises se fanaient avec résignation : dans des cadres dédorés, des portraits de prélats nous suivaient des yeux. Quand nous entrâmes dans l'antichambre que meublaient des banquettes branlantes, le *Signor canonico* nous dit : « Ici se tient la *Servitù* ». Or, la *Servitù* en question se réduit à un gros bonhomme rougeaud qui se proclame *il coquo* (le cuisinier) *di Sua Eccellenza*. Ailleurs, une tour Eiffel de bois découpé décorait d'une manière inattendue une galerie où le chanoine expliqua qu'ici Pie IX avait déjeuné.

Monseigneur l'Archevêque de Viterbe l'habitant de cette seigneuriale masure, était absent. C'est un vieux franciscain qui, malgré ses quatre-vingts ans, ne peut tenir en place. Il entreprend sans cesse des pélerinages, et, revenu récemment de Jérusalem, il est de suite reparti pour Lourdes. Le prédécesseur de ce vénérable prélat fut Mgr Clari. Son ami le Pape Léon XIII l'avait nommé nonce à Paris. L'Evêque diplomate s'ennuya en France. L'air de Viterbe lui manquait. Il mourut à la tâche et un piquet de culottes rouges escorta son cercueil jusqu'à Notre-Dame.

⁂

Nous sortîmes de la Cathédrale. Quoique terriblement délabrée, la place où nous entrâmes nous plut beaucoup. Des maisons anciennes l'entourent. Le campanile de l'église la domine, mais ce qu'elle présente de plus pittoresque c'est l'Evêché lui-même. Nous l'avions vu par le dedans, regardons-le par le dehors. Comme tous les palais du moyen-âge, c'est un gros cube percé d'étroites fenêtres ogivales aux meneaux effilés. Un perron gardé par deux lions y conduit, mais la partie la plus gracieuse et la plus caractéristique est une très délicate galerie d'ogives qui règne en dehors de l'édifice.

Cette galerie clôt une loggia au milieu de laquelle s'élève une fontaine de pierre et, au travers des colonnettes, par de là un vallon qui se creuse sous l'Evêché, on aperçoit, sur des pentes vertes qu'elles couronnent, les rouges murailles et la coupole de l'église de la Trinité. De là, les Papes donnèrent jadis leur bénédiction. Ce matin, deux chanoines y tapotaient sur leur tabatière, et ce geste signifiait leur joie d'avoir vanté Viterbe aux *forestieri*. Nous leur exprimâmes notre bien sincère gratitude, puis nous les invitâmes à nous rendre, en France, notre visite. Ils n'osèrent accepter nos offres, nous remercièrent tout de même, puis, par de vieilles portes, les deux vieillards rentrèrent dans de vieilles maisons.

Les bons chanoines, tout empressés qu'ils eussent été à nous faire les honneurs de l'Archevêché, avaient omis de nous raconter l'ancienne histoire que voici. Il paraît qu'en 1270 les cardinaux séjournaient dans la ville de Viterbe pour y élire un Pape. Ils habitaient des maisons particulières et se réunissaient de temps en temps à la Cathédrale pour y tenir des scrutins. Mais, soit qu'ils apportassent trop de scrupules à remplir leur mission, soit peut-être que la Discorde engendrât parmi eux l'indécision, toujours est-il que le veuvage de l'Eglise universelle se prolongeait. Un beau matin les Viterbois n'y tinrent plus et, à l'instigation, paraît-il, de saint Bonaventure lui-même, ils pénétrèrent dans les maisons où résidaient les *porporati*, s'emparèrent de leurs personnes et, sans autre forme de procès, les incarcérèrent dans une salle de l'Evêché. Ils en barricadèrent ensuite les portes et signifièrent aux prisonniers qu'ils ne communiqueraient en aucune façon avec l'extérieur tant que l'Eglise n'aurait pas un Pape. Bien plus, ajoutèrent-ils, les électeurs, en attendant leur délivrance, vivraient aux frais des Viterbois mais, de jour en jour, leur pitance diminuerait en qualité comme en quantité. Ces énergiques procédés ne suffirent pas à déterminer l'accord des Eminences et des semaines s'écoulèrent encore. Alors, le capitaine du Peuple, quelque *condottiere* nommé Raniero Gatti, eut une idée lumineuse, il fit démolir le toit de la salle des séances. Les électeurs, échaudés par la canicule et trempés par les orages, tombèrent malades. L'un d'eux, l'évêque d'Ostie, dut même se munir d'un sauf-conduit pour aller dehors rendre le dernier soupir.

Leurs Eminences finirent par s'impatienter. Elles menacèrent les citoyens d'anathème et la cité d'interdit. Devant ces arguments, les Viterbois cédèrent, mais la leçon qu'ils avaient donnée profita. Grégoire X, le Pape issu de cette élection mouvementée, décida qu'à l'avenir, les cardinaux choisiraient le Souverain Pontife en conclave et il leur donna à ce sujet, le règlement sévère que l'on sait.

Le palais épiscopal est le plus intéressant monument de Viterbe. Nous visitâmes ensuite de vieilles églises. Celle de Saint-Sixte, en particulier, nous fournit un exemple remarquable du vieux style lombard. Elle se compose de deux parties, d'une nef basse dont les cintres écrasent des colonnes monolithes et d'un chœur surélevé auquel on accède par un escalier de vingt marches. De vastes baies, par lesquelles le chœur communique avec les transepts, soutiennent à une hauteur relativement considérable la voûte de la croisée, et toute cette architecture, consciencieusement restaurée, a réellement grand et curieux aspect.

Les cochers vous font traverser aussi ce qu'on nomme le quartier médiéval Saint-Pellegrin.

Qu'on ne s'imagine pas la rue coquette et neuve que l'on avait, à la dernière exposition, nommée le vieux Paris. Le vieux Paris était ultra-moderne. Les souvenirs archéologiques avaient fourni au paysagiste Robida un prétexte pour réaliser en ciment armé l'un de ses rêves. Clochers et poivrières, balcons et bretèches, tourelles et perrons, créneaux et machicoulis, tous ces accessoires d'opérette dûment peinturlurés lui avaient procuré les éléments d'un moyen-âge de fantaisie.

Le quartier de Saint-Pellegrin ne ressemble pas à ces imaginations. On y suit des rues étroites, sales, bordées de maisons noires. Des arcs-boutants y enjambent la chaussée, et, dans des fenêtres jadis gothiques mais aujourd'hui rafistolées au hasard des idées d'un pauvre maçon, on y aperçoit des visages malpropres de mendiantes et de *ragazzi*.

On ne peut pourtant nier que ce chaos de colonnes, d'arcades, de balcons, d'escaliers et de grosses tours carrées n'offre un aspect vraiment pittoresque.

Tout en haut d'une place où les chevaux glissent sur les dalles du pavé, s'élève l'église du monastère de Sainte Rose. C'est une coupole vaste, banale, dont on ne retient rien. Dans une chapelle de droite, derrière une grille, les Clarisses montrent le corps de leur sainte patronne.

Parmi les vierges que l'église vénère, il n'en est pas de plus charmante que Sainte Rose de Viterbe. Les bonnes sœurs de son couvent remettent aux pélerins un cordon blanc qui, expliquent-elles, mesure *la longhezza della Santa*, la taille de la Sainte. Lorsqu'on déploie le ruban, on est tout surpris de sa dimension exiguë : c'est que Rose mourut à douze ans. Elle ne fut jamais qu'une enfant, mais une enfant prodigieuse.. Encore toute petite, dit sa légende, elle ressuscita l'une de ses tantes. Mais elle fut surtout une intrépide apôtre.

Les Manichéens, à l'époque où elle vécut, au XIII° siècle, infestaient la ville de Viterbe. En dépit des magistrats et de l'empereur Frédéric II lui-même, Rose n'hésita pas, dans les rues de la cité, à prêcher le dogme catholique. Ni les menaces, ni l'exil, ni même le feu que, pour convaincre les incrédules, elle traversa saine et sauve, ne domptèrent son courage. Elle connut successivement les triomphes et les persécutions réservés aux confesseurs de la foi. Enfin, fatiguée par les macérations dont elle affligeait son corps d'enfant, *austeritatibus corpusculum affligens*, elle mourut.

Son souvenir demeure, à Viterbe, extrêmement populaire. Chaque année, le jour de sa fête, le 4 septembre, on hisse l'image de la toute petite Sainte au sommet d'une immense « machine » dont la base mesure 4 mètres 30 de côté, et la hauteur 19 mètres. Auprès de la *Porta Romana*, soixante-sept hommes, les *facchini di Santa Rosa*, s'introduisent sous l'édifice et le soulèvent sur leurs épaules. Chacun d'eux, paraît-il, supporte un poids de soixante kilogs. Sur un parcours d'un kilomètre, le long de la Via Cavour,

La machine branlante
Va menaçant de loin la foule qu'elle aug-
[mente.

Enfin on approche de l'église Sainte-Rose. Il reste à franchir un raidillon escarpé. Les *facchini*, en un effort suprême, se mettent au pas gymnastique. Sur le parvis, leur exploit est terminé et, aux applaudissements des Viterbois enthousiasmés, ils se dispersent au milieu du peuple.

*
* *

En dehors des murs, nous visitâmes l'église de la Vérité. Elle appartient à un couvent sécularisé où l'on a installé une école professionnelle agraire. Les jeunes Italiens y accourent, presque tous externes, de la ville et de la campagne. On leur enseigne, sans doute, l'art de cultiver le *grano turco* et celui de faire paître, sans les engraisser, les maigres buffles de l'*Agro Romano*.

Ces descendants de Cincinnatus prennent leurs ébats sous un cloître aux larges arcades et remplissent leurs yeux des trèfles et des roses de pierre qui s'y épanouissent.

Je leur conseillerai moins, pour parfaire leur éducation artistique, d'examiner l'église dévastée. Pauvre temple sans autel, hall aux murailles lépreuses, où un portier galonné vous mène, avec ennui, visiter des fresques mal conservées. Ces saints vagues, raides et mélancoliques sont pourtant les chefs d'œuvre des maîtres de l'Ecole de Viterbe.

Plus intéressants nous ont paru les tombeaux de l'église Saint-François. Ici reposent deux Papes et peut-être trois. L'un d'eux est Clément IV. Ce fut lui qui, en donnant la Sicile à Charles d'Anjou, légua à la France le germe de bien des misères. L'autre, un Viterbois, se nomme Adrien V. Il régna quarante jours. Le troisième serait un Plaisantin : *Vicedominovicedomini*. Ce personnage aurait reçu la tiare en 1276 et porté le nom de Grégoire XI. Malheureusement il serait mort le jour même de son élection. Ce qu'un versificateur aurait exprimé sur sa tombe en ces termes :

Ferre vices Domini sors huic dedit impro-
                                                         [*ba : verum*
Una Petri solium lux, feretrumque dedit.

L'inscription existe : nous l'avons lue. Elle fournit, si l'on veut, matière à l'admiration : latin assez élégant, bizarrerie du sort, tristesse de la destinée, et même un excellent calembour : rien ne manque. Mais voilà que les savants prétendent que, légende aussi bien qu'épitaphe, tout est apocryphe ! Le susdit cardinal, si cardinal il fut, loin d'avoir occupé un jour durant, le Siège de Saint Pierre pour, de là, sauter en Paradis, ne serait qu'un odieux gibelin, vingt fois excommunié.

Mais ce sont les savants qui doivent se tromper. D'ailleurs, légende ou non, l'anecdote est bien trouvée et dans le transept de la vaste église, il y a tout de même matière à philosopher .

Et puis, ce sont des joyaux que ces mausolées gothiques et, si l'on pouvait envier quelque chose de la mort, on jalouserait volontiers les pontifes qu'ils renferment ! Quelle douceur, en effet, de dormir son dernier sommeil sur un lit où le porphyre et l'or dessinent des méandres ;

et quel bénéfice d'avoir échangé un trône éphémère contre un baldaquin fleuri qui, depuis des siècles, repose sur des torsades de marbre.

⁂

Une visite à Viterbe ne se comprendrait pas sans un pélerinage à N. D. de la Quercia. C'est un sanctuaire vénéré à deux kilomètres de la Ville. Voici la légende de son origine.

Un habitant de Viterbe nommé Baptiste possédait, vers 1417, une vigne à l'endroit aujourd'hui consacré. Malheureusement, le site était hanté par les voleurs. Baptiste pensa protéger ses récoltes en plaçant dans un chêne une image de la Vierge. Chose étrange, on ne vola plus les pommes, ni les raisins, mais, par piété, on se mit à dévaliser la Madone elle même. Ce fut d'abord un saint ermite, puis une respectable Viterboise qui eurent l'idée singulière de se l'approprier. Celle-ci pour mieux s'assurer la possesion du trésor, l'enferma sous clef dans une boîte. Mais, la miraculeuse peinture retourna chaque fois d'elle-même au lieu où Baptiste l'avait placée et, depuis, elle ne le quitta plus. On construisit ensuite l'église qui se voit encore et le couvent qui l'avoisine. Des dominicains français s'y sont récemment réfugiés. Ils s'y promènent sous des cloîtres élégants. Ils se distraient à lire, le long des fresques, des histoires de brigands ; mais ces jolies choses ne doivent pas remplacer pour eux la patrie absente.

*
* *

Nous allons quitter Viterbe. Sur la place du Municipe, au delà des arcades, dans cette cour d'où le regard s'étend émerveillé sur la vallée, l'une des jolies et nombreuses fontaines de la ville chante auprès d'anciennes statues. Dans un coin, le *Marzocco*, lion ou chien, je ne sais, mais hargneux symbole, debout sur une colonne grise, écoute l'horloge qui sonne midi. Dans son cercueil de pierre scellé au flanc d'une façade, ne sourit plus hélas ! Gaïa la belle Viterboise d'antan.

Dans le ciel, le soleil s'est voilé, et un nuage sème sur les dalles des rues des gouttelettes qui les marbrent de noir. Rentrons à l'hôtel où nous attend la mine rose de notre garçon, Francesco. Ce séduisant camérier va nous servir un beefsteack « à la française », et tout à l'heure, quand la pluie cessera, nous nous dirigerons vers de nouveaux rivages....

III.

MONTEFIASCONE ET BOLSÈNE

Le beefsteack absorbé et la note acquittée, — se défier en voyage des camériers trop « séduisants, » il en coûte toujours quelque chose — nous partons en voiture pour Montefiascone, Bolsène et Orvieto ; une longue étape. La route aussi étroite que mal entretenue court indéfiniment à travers des landes. De toute part des collines bornent l'horizon et, devant nous, couronnant une hauteur, Montefiascone s'étale autour de la large coupole de sa cathédrale.

On trottine longtemps, on suit à pas lents trois kilomètres de lacets. C'est avant d'entrer en ville qu'il faut visiter la gothique église St-Flavien, où l'on doit un pèlerinage à l'allemand Fugger. On nous avait dit à Rome : « Vous verrez à Montefiascone la pierre tombale d'un voyageur allemand du XIIIe siècle qui se nommait Fugger. Ce pèlerin peu fervent attachait aux plaisirs de la table une importance excessive. Quand il cheminait, son domestique le précédait, entrait dans les auberges, goûtait le vin et selon la qualité qu'il lui reconnaissait, inscrivait une ou deux fois, sur la porte, le simple mot *Est*.

Le jour où Fugger entra dans Montefiascone, il lut trois fois *Est* sur le seuil de *l'Albergo*. Cela promettait des merveilles et en effet, quand il pénétra dans la salle, son valet roulait déjà sous la table. Loin de s'indigner à la vue de ce scandale, il eut la faiblesse de l'imiter et lui-même s'enivra si misérablement qu'il en mourut !

Quand le domestique se réveilla, il fit à son maître de dignes funérailles, l'enterra dans l'église Saint-Flavien et écrivit sur son tombeau :

« *Est, est, est et propter nimium est, dominus meus mortuus est.* »

Au delà de Montefiascone, la route descend de nouveau vers la campagne. La lande s'étend assez morne, parfois la roche s'élève, plus souvent le sol se fendille de profondes crevases volcaniques. De maigres arbustes tordent leurs pieds dans des cailloux ; le tuf rougeâtre du sous-sol affleure l'humus. On marche, on marche sans fin, aucun village n'apparaît ; rarement on aperçoit une cabane : c'est le centre d'une maigre exploitation, d'un *poderetto*, comme ils disent. Sur la route, nous n'avons fait que trois rencontres. La première fut celle d'un capucin monté sur un âne et muni d'un grand parapluie. Il revenait sans doute de la quête. Après lui, nous vîmes un paysan coiffé d'un large feutre et qui chevauchait sur un mulet. Nous croisâmes enfin une jaune tapissière, la poste, qu'accompagnait un cavalier armé d'un fusil. Cette voiture escortée nous fit rêver aux brigands de la Calabre qui, dans les maquis, attaquent les diligences et les carabiniers.. Nous allâmes ainsi trois heures durant.

Depuis Montefiascone, nous avions, au Nord-Ouest, aperçu le lac de Bolsène. Il nous était apparu semblable à une bande étroite d'un bleu vif, qu'encadraient le bleu verdâtre de la lande, le bleu brumeux des montagnes et le bleu lumineux du ciel. Peu à peu nous nous en étions rapprochés ; sa vaste nappe s'étendait dans un lit circulaire, limité par les collines étrusques ; à l'est émergeaient deux îlots. Nous le côtoyâmes presque ; sur ses flots, pas une embarcation ne vivait ; à perte de vue ses bords s'étendaient stériles, empestés de malaria ; quelques oiseaux aquatiques se levaient parfois et volaient avec bruit.

*
* *

Nous arrivâmes à cinq heures à Bolsène. Le cocher s'arrêta au milieu d'une place près d'une fontaine. Il détela son cheval et nous donna congé pour une demi-heure. Cette place, ou plus exactement ce large carrefour, révélait la profonde misère du pays. Des maisons s'y élevaient grises et basses, des cailloux de basalte en formaient le pavé, quelques paysans mal vêtus circulaient, des ânes rentraient dans de sales ruelles, des gamins immobiles autour de notre voiture enfonçaient leurs poings dans ce qui leur tenait lieu de culotte, et leurs yeux suivaient sans curiosité chacun de nos mouvements. Nous aperçûmes la façade délabrée d'une église : c'était la Cathédrale. Bolsène est le siège d'un évêché, depuis longtemps réuni à celui d'Orviéto. Le prélat qui administre les deux diocèses officie ici dans une triste basilique. Des colonnes grises y supportent les arcs romans de la nef, et çà et là, sur les murailles, on découvre des peintures giottesques. Après avoir traversé une chapelle de gauche où se tiennent les chanoines, et puis une autre où l'on garde le St-Sacrement, on arrive dans une manière de souterrain creusé dans la montagne. Une lucarne l'éclaire à peine ; l'eau y suinte le long des murs ; une porte de métal y ferme une galerie de catacombes. Dans un renfoncement, on aperçoit, étendue, une forme blanche et gracieuse. C'est une statue de sainte Christine sculptée sur son tombeau par un des Robbia. Mais le plus curieux et le plus vénérable objet est l'autel du miracle.

Sous un ciborium de pierre que portent quatre colonnes antiques s'élève un très étroit autel de marbre. L'humidité le ronge et le verdit depuis la base jusqu'au sommet, et sur la table sculptée des chandeliers enfoncent leurs pieds dans une nappe épaisse.

Ce monument dont les formes révèlent qu'il appartient aux temps les plus primitifs de l'Eglise fut le théâtre du fameux miracle de Bolsène. C'est ici qu'en 1264, un prêtre bohémien qui célébrait la Messe fut tenté de douter de la présence réelle, et que Dieu réconforta sa foi. De l'hostie se répandirent des gouttes de sang. Le corporal apparut taché et le liquide sacré rejaillit sur trois pierres que l'on montre encore.

Nous quittâmes ce sanctuaire. L'archéologie, l'art, la piété, l'histoire et cette lèpre verdâtre qui recouvrait tant de précieux souvenirs, tout cela nous avait remplis d'impressions mêlées, mais très fortes.

Une femme qui nous avait accompagnés nous mena dans une sacristie où nous vîmes quelques vieilles icônes, et un gamin, qui courait pieds nus sur le pavé, nous offrit des cartes postales.

Au dehors, notre cocher avait disparu ; nous suivîmes une rue qui nous mena vers une place un peu moins minable que la première. On était surpris d'y rencontrer des façades de cafés, une horloge et deux enfants chaussés. Une superbe allées de chênes verts y aboutissait ; nous la suivîmes. A son autre extrémité, dans le cadre sombre que formait la verdure, une nappe claire se mouvait : c'était le lac. Nous allâmes jusqu'à la grève ; elle s'enfonçait très lentement sous les eaux. A droite, une jetée enfermait un port minuscule. Un bateau y était échoué et, sur les pierres de la digue, des vagues hautes de dix centimètres clapotaient. Des jeunes gens baignaient un chien. La pauvre bête se montrait récalcitrante et les rires éclataient dans le silence. L'air fraîchissait. La ceinture de montagnes commençait à revêtir les couleurs de la tombée du jour et le soleil rougissait derrière une cabane qui nous cachait les montagnes de l'ouest. Nous quittâmes ce lieu paisible pour rejoindre notre équipage.

Le lac de Bolsène occupe, dit-on, le fond d'un ancien cratère. Par conséquent, pour s'éloigner de lui, il faut franchir des pentes assez raides. Comme dans ce pays les ingénieurs n'ont pas encore tracé les savants lacets par lesquels les routes modernes escaladent lentement mais facilement les montagnes, nous devions suivre, pour gagner le plateau, un chemin suant et malaisé.

Pour aider notre cheval, notre phaëton engagea l'âne d'un contadin. Il l'attela au moyen de je ne sais quelles cordes et, devant la cathédrale, la voiture démarra.

Péniblement nous nous élevons au-dessus de la ville et du lac. Nous rencontrons de misérables maisons, un misérable couvent et, creusées dans la montagne, des grottes fermées de fenêtres qu'habitent les troglodytes bolsénois.

Quand nous arrivâmes vers le plateau, nous jetâmes un regard d'adieu sur cette pauvre mais curieuse contrée. Le cercle entier du cratère s'étendait sous nos yeux. Déjà, vers l'Est, collines et nappes d'eau s'assombrissaient ; les deux îles prenaient des formes moins précises ; la ligne des montagnes se découpait à contre-jour sur le ciel. A l'ouest, au contraire, le ciel semblait en feu ; le soleil disparaissait sous l'horizon, mais les raies de pourpre qui embrasaient l'air se reflétaient encore en teintes dégradées sur le lac. A nos pieds les maisons de la ville s'endormaient silencieuses. Autour de nous, les oliviers devenaient fantastiques. Nous avançâmes encore un peu, et bientôt, en nous retournant, nous ne vîmes presque plus rien. Seuls quelques flocons roses nous apparaissaient encore au couchant ; sur la lande où nous trottions maintenant, la nuit était tombée.

Nous allâmes encore longtemps pendant que les étoiles s'allumaient au ciel. L'heure était propice aux conversations et nous causâmes de la pauvre France. Vers huit heures, la route s'abaissa et bientôt apparut à droite une trainée de lumière : c'était enfin Orviéto. Il fallut trotter dans les lacets d'une rapide descente, puis gravir au pas une interminable montée, longer des murs énormes qui encaissent une montagne, passer sous une porte cintrée d'où pendait une lanterne, avancer dans des rues absolument désertes. Enfin, notre *carrozza* s'arrêta devant un *portone*, des garçons en livrée s'empressèrent autour de nos bagages. C'était l'*Albergo delle belle Arti*. Il était neuf heures, nous allions dîner.

— × —

IV

ORVIÉTO.

Mercredi, 19 septembre. — La Cathédrale d'Orviéto est une merveille jaillie du sol à la fin du XIII⁰ siècle. En 1264, le prêtre bohémien avait vu rougir, à Bolsène le corporal sacré, et, après avoir renfermé l'hostie merveilleuse dans le tabernacle, il était accouru à Orviéto où résidait en ce moment le Pape Champenois Urbain IV. Le Saint-Père avait écouté son récit, puis ordonné qu'on lui apportât le corporal. Il vénéra le linge miraculeux et le déposa solennellement à la Cathédrale. En 1270, le 13 novembre, son successeur Nicolas IV posa la première pierre d'une nouvelle église : c'est cette église que nous admirons aujourd'hui. La chapelle même où l'on conserve la relique fut construite en 1350 et c'est en 1338 que Ugolino de Vieri exécuta le reliquaire d'argent qui la renferme.

Munis de ces renseignements, nous pouvons aborder la basilique.

⁂

Encore une fois, la Cathédrale d'Orviéto est une merveille. Elle offre peut-être aux amateurs le plus beau specimen d'art gothique qui existe en Italie.

La Cathédrale d'Orviéto est donc gothique ? Oui. Au moment où on la construisit, l'art ogival qui s'était épanoui en France avait excité l'émulation des architectes italiens. La Péninsule n'avait élevé jusque là que des édifices lombards.

Les voyageurs revenus de France et les Français qui visitaient l'Italie lui révélèrent ce que c'est qu'un arc brisé, des pinacles, des crochets, des fleurons et des gâbles. Le gothique devint une mode. Mais les Italiens comprirent à leur façon l'art « septentrional ». Ils l'adaptèrent à leurs traditions, à leur climat, à la nature de leur sol. Leurs traditions étaient romaines. A force de contempler les ruines laissées par les ancêtres, à force de continuer pendant de longs siècles à construire d'une manière barbare, mais selon les méthodes antiques, ils avaient contracté, pour ne plus la perdre jamais, l'habitude des élévations équilibrées. Ils ne croyaient pas, par exemple, devoir sacrifier comme nous Français, les lignes horizontales aux perspectives verticales.

Les hommes du Nord cherchaient à monter toujours plus haut, quitte à soutenir leurs voûtes aériennes par des béquilles extérieures. Les Italiens, hantés par le souvenir du temple antique, habitués à asseoir sur le sol des palais un peu lourds peut-être, mais d'une stabilité inébranlable, préférèrent élargir les nefs et soutenir par elle-même une construction aussi vaste que les nôtres, mais moins hardie.

Les Français, contre les lois ordinaires de l'architecture, mais pour mieux éclairer des édifices que n'illuminent pas le soleil méridional, avaient résolument donné la prépondérance aux vides sur les pleins. Obligés d'utiliser des pierres uniformément blanches destinées à devenir bientôt uniformément grises, ils avaient cherché la variété dans la multiplicité des supports. Meneaux des hautes fenêtres, colonnettes des galeries extérieures et surtout ces piles qui surgissent hors des nefs, portent à des hauteurs énormes leurs pinacles et se relient à l'édifice par des arcs qu'évident encore des colonnettes et des chéneaux ajourés ; tous les accessoires leur avaient paru nécessaires pour étayer la construction et aussi pour l'orner et la faire vivre.

Aux Italiens cette complication de lignes sembla bien superflue. Que leur importait la monotonie des larges surfaces ; n'avaient-ils pas à leur disposition des marbres de toute couleur pour revêtir d'une robe chatoyante l'extérieur du temple ? Et, au dedans, leurs peintres ne trouvaient-ils pas toujours les murailles trop étroites pour y étaler les splendeurs de leurs fresques ?

Voilà pourquoi la gothique cathédrale d'Orviéto ne rappelle que très imparfaitement nos célèbres églises de France. N'y cherchez pas les flèches trouant les cieux, ni l'abside aux multiples ressauts, ni la fente étroite des lancettes. C'est une masse puissante, laquelle dessine en un relief médiocre la croix symbolique du transept. C'est une construction rationnelle faite d'assises superposées alternativement rouges et blanches, et où s'ouvrent de petite fenêtres, vitrées d'albâtre transparent, qui mesurent parcimonieusement la lumière.

Mais que dire de la façade ! Du point de vue strictement architectural, on ne peut rien lui reprocher. Les Français du XIIIe siècle partagent leurs façades d'églises en trois parties par des contreforts saillants qui correspondent à l'écartement des nefs. Ainsi le veut, chez nous, la solidité autant que l'harmonie. Comme les Italiens ont toujours plaqué sur leurs monuments des décorations superficielles, le procédé ne s'imposait à eux que pour des raisons esthétiques. Aussi se reprirent-ils à deux fois pour en comprendre la nécessité. Les Siennois, les premiers, édifièrent la façade d'une cathédrale gothique : c'est un chaos de lignes interrompues et la richesse de l'ornementation ne compense par le vice essentiel du dessin d'ensemble. Ici l'armature est parfaite. Quatre faisceaux verticaux de nervures de marbre supportant des pinacles la marquent franchement. Deux étages de gâbles, celui qui surmonte les portes et celui qui cache les angles des toitures, la complètent en traçant d'harmonieuses lignes horizontales.

Tandis que, dans nos façades gothiques, le gâble central disparaît entre les deux hautes tours, ici, c'est lui qui domine l'édifice ; mais les pinacles voisins dont les pointes dépassent légèrement son sommet atténuent heureusement son incontestable supériorité. Ces savantes combinaisons donnent à l'édifice plus de largeur apparente et il résulte, dans l'impression d'ensemble, une harmonie très différente de celle que réalisent les œuvres françaises.

Dans cette large surface ne s'ouvre guère qu'un vide réel, une rosace centrale dont le diamètre est d'ailleurs relativement restreint. Selon une habitude chère aux Italiens, elle s'inscrit dans un carré de marbre qu'encadre lui-même une large bande sculptée et qui repose sur une galerie. Au delà, des rectangles superposés qu'habitent de petites statues remplissent l'espace entier de la travée centrale.

Dans la partie inférieure s'ébrasent les trois portes. Tout le reste de la façade est plein et couvert de sculptures, de marqueteries et de mosaïques. On pourrait s'amuser à énumérer les innombrables personnages et sujets représentés dans toute cette décoration. Ils forment une composition iconographique très savante. Saluons seulement Marie, la Reine de cette église, que son Fils couronne dans le grand gâble du sommet, et avant d'entrer arrêtons longuement notre regard sur l'ensemble de la polychromie. Cette façade ressemble à une page de missel sur laquelle des miniaturistes auraient étendu une infinité de nuances délicates. Le temps aurait achevé leur œuvre, en fondant ces mille teintes dans la patine rose des tons marbrés, et il en serait résulté pour nos yeux d'hommes du Nord une jouissance exquise.

A l'intérieur, l'église, comme toutes les églises gothiques d'Italie, sauf la Minerve, paraît austère et nue. D'épaisses colonnes aux assises noires et blanches superposées, portent des pleins-cintres. Au-dessus de ces arcades règne une corniche, puis, couvrant l'étage supérieur, s'étend la charpente du toit. Au fond du sanctuaire, au-dessus de l'autel et des stalles sculptées, s'élève toute droite, une muraille couverte de fresques et percée d'une haute verrière.

Quelle différence entre cette Cathédrale et celles de France ! Celles-ci avec les travées de leurs nefs que surmontent celles des galeries, que surmontent celles les triforiums, puis celles des clerystoris, et qui conduisent ainsi les yeux, d'étage en étage, jusqu'à la carène renversée des voûtes, produisent une impression dont la puissance est incontestable. La masse de cet amoncellement de pierres, la hardiesse de cet édifice qui projette miraculeusement à des hauteurs énormes les plus pesants des matériaux, le mystère de ces verrières immenses qui, lumineuses sur une vaste surface, ne laissent cependant tomber qu'une clarté diffuse parce qu'elle est colorée ; tout cela réalisé dans les proportions considérables de nos grandes basiliques, exalte l'âme, mais en même temps l'étonne et peut-être parfois l'écrase. La cathédrale italienne la dilate. Les formes sont simples, les supports nus, les murailes plates, mais tout est spacieux.

Nos cathédrales sont grandes plutôt que spacieuses. Les piliers les encombrent, un chœur, un jubé parfois, en tout cas de hautes grilles y enferment le clergé et y cachent quelque chose. Les chaises elles-mêmes, avec la barricade qui souvent les entoure, contribuent à diminuer l'épanouissement de l'âme. L'église gothique italienne est vaste comme une place publique. Les piles monocylindriques sont trop étroites pour y arrêter le regard, l'autel y est placé en grande évidence, au sommet d'un degré où tout le monde le voit. Le clergé, d'ordinaire, se groupe derrière lui ; il se cache modestement pour chanter tout à l'aise et permettre à la foule, quand elle vient, de suivre des yeux les officiants. Les fonctions italiennes sont des spectacles et des auditions pieuses ; elles réalisent dans toute son étendue, le sens de l'expression : culte extérieur. Recueillies, en donnant à ce mot un sens un peu différent de sa signification habituelle, elles n'ont certes rien de compassé. Il fallait pour ces cérémonies, où l'on va et vient avec tant de désinvolture, des temples spacieux où rien n'arrêtât ni le regard, ni les pas des assistants, ni même les harmonies brillantes qui descendent de la *cantoria* dorée. Le besoin encore une fois s'est adapté son organe.

Nous errâmes dans cette vaste salle des pas perdus ; nous épelâmes les fresques qui, dans de petits carrés, reproduisent au fond du sanctuaire toute l'histoire de la Vierge Marie.

Nous vénérâmes la chapelle du Corporal. Nous ne vîmes pas la précieuse relique ; il aurait fallu, pour la visiter, déranger les détenteurs de quatre clefs : le

Syndic, l'Evêque, le chapitre et la fabrique du Dôme.

Nous pûmes au contraire, nous asseoir à loisir dans la chapelle Saint-Brice, devant les fresques de l'Angelico et de Signorelli. Elles représentent le jugement dernier et les événements qui le précèdent. L'Angelico a peint le Souverain Juge et les Saints qui l'entourent, mais auprès de l'œuvre immense de son continuateur, la sienne disparaît presque. Les regards se dirigent tout droit sur des masses assez confuses de damnés ou de ressuscités. A l'examen, ils s'arrêtent complaisamment sur ces beaux anges qui volent dans le ciel et sèment à pleines mains les fleurs sur les élus. Ils analysent ensuite avec quelque peine, la fresque de l'Antechrist, et ils y démêlent les scènes multiples de sa vie et de sa mort.

Au-dessus de la porte d'entrée, on s'amuse aux naïves inventions du vieux peintre qui fait souler, à pleine bouche, le vent et le feu par les anges de la colère divine et l'on n'est pas surpris qu'Empédocle dans la partie inférieure de la muraille, penche son buste entier hors de la fenêtre circulaire par laquelle il regarde, pour apercevoir au-dessus de lui, ce cataclysme effrayant que sa science n'avait pas prévu.

Oserai-je risquer une appréciation de Signorelli ? Remarquer qu'il taille les membres de ses personnages dans du bois et leurs vêtements dans du zinc, cela manquerait de grâce. Vanter l'animation des épisodes de la vie de l'Antechrist, lire sur les visages une expression intense, presque forcée, presque grimaçante, ce serait banal. Avouer que l'assurance avec laquelle l'artiste trace son dessin ne va pas sans dureté ; déclarer le modelé des muscles un peu sommaire et les teintes trop peu fondues, ressemblerait à un blasphème. J'aime donc mieux admirer de nouveau et sans réserve mes préférés, les anges de *la Chiamata degli Eletti*. Dieu me garde de médire des *Angeli* dont fra Giovanni da Fiesole s'est fait une spécialité, mais Signorelli me paraît avoir démontré ici que la grâce des formes, la souplesse des mouvements et, au besoin, la naïveté des expressions sont parfaitement compatibles, chéz les habitants du ciel, avec un tempérament vigoureux .

Sortis de la Cathédrale nous ne vîmes plus grand'chose. Nous jetâmes un coup d'œil sur le palais papal. Au bout de la longue rue qui traverse toute la ville, nous allâmes dans le jardin public examiner la vallée de la Paglia. Les nuages s'amoncelèrent tout-à-coup au-dessus de nos têtes : puis ruissela une de ces averses comme il n'en tombe qu'en Italie. Nous nous mîmes à couvert sous un hangar. Près de nous un petit gribouille en bronze vert, assis sur un îlot, au milieu d'un bassin, portait tout droit devant lui, un tuyau terminé par une pomme d'arrosage d'un genre spécial. L'eau s'en échappait en une nappe circulaire. Elle s'étalait autour de lui et venait, sans le mouiller, tomber à ses pieds. Il nous narguait, le petit coquin, sous son parapluie hydraulique, et nous, très jaloux de son instrument, nous nous nous demandions avec anxiété si les beaux jours étaient décidément tous écoulés, et si demain le soleil se lèverait radieux sur l'Ombrie...

Le chemin de fer, pendant toute l'après-midi, nous fit parcourir 69 kilomètres. Avec des minerais, des planches et des bestiaux, nous arrivâmes enfin en gare de Terni. La nuit tombait, et il pleuvait toujours.

V

TERNI, SPOLETO ET FOLIGNO

Jeudi, 20 septembre. — Terni, l'*Interamna* des anciens, mériterait notre estime parce que cette cité fut la patrie de Tacite, mais ce que les touristes y visitent, à défaut du berceau de ce grand écrivain, c'est une cascade superbe.

A 7 kilomètres de la ville, au tournant d'une vallée étroite qu'enferment des falaises de tuf hautes de deux cents mètres, que décore l'ombrage des acacias, et dans laquelle tournoie au gré du vent une épaisse buée, les eaux boueuses du Vélino se précipitent du plateau supérieur, en deux nappes étroites. La cascade heurte un premier seuil, rebondit et s'étale en nappe mugissante, roule de nouveau, plus furieuse et plus large, s'éparpille enfin en multiples ruisseaux qui sautent à travers les roches, se faufilent sous les ponts naturels et mènent un train d'enfer. Sur les anfractuosités voisines, la rosée calcaire s'abat et dépose, molécule par molécule, un carbonate jaunâtre. Cette boue, depuis des siècles, s'amoncelle en réseaux vermiculés, puis se tasse et se change en pierre à bâtir. Deux ou trois ouvriers piochent dans la carrière et rangent en tas cubiques les moëllons qu'ils extraient. A quelque distance, on perçoit le bruit de turbines électriques que meuvent les eaux dérobées au Vélino.

Les ruines du château de *Marmore*, ancien repaire d'où les habitants, aigles ou vautours ont été depuis longtemps dénichés, se découpent sur le ciel.

Dans ce cirque où se précipite la cataracte éternelle, par dessus les rumeurs mécaniques de l'industrie d'aujourd'hui, ces pierres qui achèvent de se disjoindre évoquent le mélancolique souvenir du passé qui fut et qui n'est plus...

De Terni à Spoleto, le train gravit péniblement le col qui clôt le pays d'Ombrie. La ligne est intéressante ; tunnels, viaducs, tranchées, travaux d'art de toute sorte laissent dans le souvenir quelque impression. On se rappelle avec plus de saveur encore les énormes grappes de raisin dont un contadin, dans je ne sais plus quelle gare, vous régale copieusement pour un sou.

A Spoleto, le soleil brille, les cochers vous offrent leurs services. Comme un réglement municipal, motivé par d'incorrigibles abus, leur interdit d'ouvrir la bouche, ils manifestent leur violent désir de vous posséder par des sifflements et des gestes très caractérisques. Spoleto est le pays des voitures. On nous a dit quel nombre de fiacres stationnent en attendant le forestier ; ils sont au moins soixante, peut-être six cents, je ne sais plus bien.

Quoi qu'il en soit, notre *carrozza* file sur la route toute droite, entre les poteaux électriques. Devant nous s'échelonne, sur la hauteur, le pittoresque chaos des maisons de la ville. Nous traversons un bas quartier, puis la rue se met à gravir, longe le soubassement d'une maçonnerie énorme... et étrusque, cela va sans dire, grimpe, tourne, se retrécit et débouche enfin sur la place du Dôme.

Etroite, pavée de cailloux, entourée de maisons vulgaires, la place sert de parvis à la cathédrale. La façade lombarde de celle-ci se dresse toute nue, derrière un péristyle classique. Des ouvertures circulaires et une large ogive sans meneaux là percent à plusieurs endroits. Nous entrons ; colonnade, coupole, nous avions déjà vu cela. Au fond de l'abside, notre ami Lippo Lippi a peint le couronnement de la Sainte Vierge.

Au-dessus de la terre, dont nous apercevons les montagnes dans le bas de la fresque, le Père Éternel est assis. L'auréole conventionnelle au milieu de laquelle le plaçaient les anciens peintres n'existe pas ; Dieu, naturellement et majestueusement, trône au milieu des cercles concentriques qui forment le Ciel. Devant lui, drapée d'opulentes étoffes, Marie s'est agenouillée et sur le front humblement voilé de la plus pure des créatures, le Créateur dépose un diadème. Tout à l'entour, au rang inférieur, siège l'assemblée des Saints et, pressés en groupes singulièrement vivants et harmonieux, les Anges jettent des fleurs ou font entendre des cantiques.

Dans les fresques de la Cathédrale de Prato, Filippo encore timide n'osait qu'à peine affranchir ses héros des règles de la routine iconographique ; ici, tout est sobre et recueilli, mais tout est vie, grâce, variété, et ce magnifique poème passe, à bon droit, pour le chef d'œuvre de son auteur. Pourquoi la destinée voulut-elle que cette œuvre maîtresse fût aussi la dernière ? C'est à Spoleto que devait mourir fra Lippi et c'est dans cette église même que reposent ses ossements. Sur son trépas courent des légendes d'amour et de haine ; la vision d'art évoque des souvenirs de meurtre, le travail du peintre, fut, dit-on, interrompu par le poison. Voilà un mélange de grâce et d'horreur qui symbolise trop exactement le *Quattrocento* italien.

... Nous sortîmes. Hors de l'église, quatre troupiers allaient, les bras ballants, fêtant le 20 septembre, l'anniversaire de la prise de Rome par les Piémontais.

Entre deux maisons, au-dessus d'une ruelle qui se précipitait vers le bas de la ville, on apercevait la « verte » Ombrie.

De *l'Albergo Lucini*, il vaut mieux se taire. Une pancarte y annonce en trois langues, dont l'une se croit française, les moyens de communication qui permettent de visiter les sources du Clitumne,

Le Clitumne ! Sur ses bords, où frissonnent de grands peupliers, s'effrite la colonnade d'un temple antique et, dans la prairie qu'il traverse, paissent de grands bœufs blancs formidablement encornés : *Hinc albi, Clitumne, greges.*

Après déjeuner nous galopâmes dans la ville. Notre voiture nous déposa devant plusieurs édifices dont les portes cachaient des merveilles, mais la fête du 20 septembre maintint ces portes obstinément closes.

Cette fête nationale est vraiment irritante ; elle fournit aux Garibaldiens un prétexte pour former à Rome des cortèges anticléricaux et aux Francs-Maçons l'occasion de souiller les murailles de toutes les villes italiennes de déclamations impies. De plus, elle ferme les musées et, chose plus grave, interrompt partout l'*elettricità* destinée à éclairer les curiosités. C'est pour ce dernier motif que nous errâmes à tâtons dans je ne sais plus quelle cave décorée du nom de maison romaine, et c'est pour dissiper les mêmes patriotiques ténèbres, qu'autour des fondations de l'arc de Drusus, les enfants de chœur d'un couvent voisin firent pleurer à des cierges de grandes larmes de cire.

Ce que nous vîmes de plus beau, ce sont les paysages.

Grâce aux vigoureux jarrets de son petit cheval, notre *cocchiere* nous hissa jusqu'au pied de la citadelle. La susdite, ancienne forteresse de ces illustres ducs de Spolète qui eurent si souvent maille à partir avec le Saint-Père, est devenue une maussade prison. Mais au pied de ses murailles grises, verdissent des jardinets. Nous franchîmes la porte de l'un d'eux et, cette fois, l'Ombrie se découvrit pour tout de bon à nos yeux émerveillés. Au delà des maisons blanches qui descendaient tout illuminées vers la plaine, le sillon large et désséché d'une rivière dessinait dans la prairie d'immenses méandres ; puis là-bas, là-bas, entre deux chaînes de collines, s'étendait comme un couloir très large et très long ! Semblable à une toison, aux flocons verts foncés, qu'on aurait fixée aux crêtes et qui reposerait mollement sur le sol, un épais tapis fait de chênes, d'oliviers et d'ormeaux, recouvrait, à perte de vue, la vallée. A droite et à gauche, coiffant un mamelon d'un cône éblouissant ou couvrant les pentes comme d'une jonchée de blancs pétales, s'étalaient les villes ombriennes : c'était Montefalco, c'était Trévi, c'était Spello, et, au loin, au pied de la croupe calcaire du Soubase, c'était, toute en longueur, Assise.

Le cocher ne nous laisse pas admirer ; il sait que notre temps est compté et nous entraîne, en contournant la citadelle, vers un ravin que traverse un superbe aqueduc de construction romaine.

Le paysage est ici tout différent. Resserré, vertigineux presque, lorsque du haut des arches rouges on regarde à pic le lit sablonneux du torrent, il s'élargit bientôt en une riante vallée, où fleurissent des villas et des églises. Au bout de l'aqueduc, parmi les chênes qui couvrent, de leur sombre ramure, la cime arrondie du mont Luco, surgissent, toutes blanches et toutes petites, les maisonnettes carrées que des ermites à longue barbe y disséminèrent jadis.

Ici non plus nous ne pûmes nous attarder.

Il nous fallait être à la station au moment fixé par l'horaire, afin d'y apprendre avec certitude que notre train retarderait de trois quarts d'heure. Nous visitons donc rapidement l'église des capucins, près du cimetière. On la construisit jadis avec les débris d'un temple antique et, quand l'œuvre de sa restauration sera terminée, les archéologues pourront y étudier, avec grand profit, des chapiteaux et des entablements sculptés.

Après quarante-cinq minutes d'attente et vingt de trajet, nous débarquons à Foligno.

*
* *

A première vue Foligno paraît banale. Devant la gare, un square vaste et tiré au cordeau. On franchit une porte et l'on arrive de suite, trop vite, à l'hôtel de la Poste. Dans l'inévitable rue étroite et sans trottoir, circule la cohue verbeuse des citadins. La cohue était d'autant plus animée qu'ici, comme partout, on fêtait l'insupportable 20 septembre. Sur les monuments publics un drapeau tricolore — rien qu'un, mais haut comme un étage et demi — flottait lourdement.

Nous nous dirigeâmes vers la Cathédrale ; on l'aborde par deux endroits. Son portail latéral du nord ouvre sur la place du Municipe. C'est un excellent spécimen du gothique lombard et deux gamins en complètent agréablement la décoration en chevauchant sur les deux lions qui en gardent la porte. Le grand portail occidental qui ouvre sur une *piazzetta* obscure vient d'être refait. C'est la construction la plus plate qu'on puisse imaginer : un grand mur alternativement rouge et blanc que percent des portes médiocres et où s'épanouit une rosace minuscule mais finement sculptée ; et puis c'est tout. Nous voilà bien loin du portail de Reims ou seulement de la charmante façade du transept nord de la Cathédrale de Châlons.

Entrez dans l'église, vous vous attendez à quelque nef obscure, cintrée, ogivale, gothique enfin. Pas du tout. Vous voici à Saint-Pierre de Rome. Voici la voûte de Saint-Pierre ; les grandes niches habitées par les Saints comme à Saint-Pierre ; la coupole de Saint-Pierre ; la confession et le baldaquin, tout jusqu'à la statue métallique assise sur un trône et dont on baise le pied. Seulement le Saint est d'argent non de bronze, et se nomme saint Félicien.

On ne peut manquer de se sentir ému dans cette nef relativement spacieuse, devant ces statues blanches dont chacune représente un saint honoré dans la région. Un chanoine érudit a récemment édité la vie de ces vénérables personnages et son petit volume a joui d'un certain succès. C'est que l'on achève à peine de restaurer la cathédrale et que les marbres sortent de l'atelier du sculpteur. En septembre 1904, l'Evêque et la municipalité organisèrent de grandes fêtes religieuses et civiles pour célébrer la nouvelle consécration du temple et le dix-septième centenaire du Saint. Un cardinal romain pontifia; les chantres de la Sixtine vocalisèrent du Palestrina; l'on exécuta du Gounod et un oratorio de Pérosi ; le soir, la ville s'illumina et l'on tira *la girandola*, le feu d'artifice. Mais nul spectacle ne fut comparable à celui de la procession, quand, précédé d'un nombreux clergé et des confréries de toute la contrée, le Saint-Félicien d'argent, assis sur sa sedia comme un pape, étendant le bras pour bénir et penchant son visage vers le peuple, avança, porté par des bussolanti ombriens le long de la Via Grande.

On visite à Foligno bien d'autres curiosités et des églises ruineuses où les archéologues découvrent sous des badigeons séculaires des fresques plus séculaires encore, mais il faut raconter ici une curieuse histoire.

Dans un pauvre couvent de tertiaires franciscaines, une bonne sœur montre, encadrée dans une armoire solide, une planche de bois blanc sur laquelle est imprimé un effrayant stigmate. C'est la trace carbonisée d'un main de feu qui s'y serait appesantie. Voici quelle est l'origine de cette chose étrange.

C'était vers 1860, une religieuse du monastère était morte en odeur de sainteté, quand on se mit à raconter que ses compagnes la voyaient en songe et l'entendaient soupirer. Un endroit semblait plus spécialement hanté par la défunte, c'était la lingerie de la communauté. Comme les femmes effrayées n'osaient s'y rendre, la supérieure y envoya celle qui, dans le couvent, passait pour la plus calme et la plus courageuse. Quelle ne fut pas la surprise de celle-ci quand la défunte lui apparut sous une forme absolument distincte. Elle entama avec le fantôme une conversation. Qu'était-il, d'où venait-il, pourquoi troublait-il ainsi la paix des servantes de Dieu ? La trépassée répondit : Elle était bien celle que naguère on avait pleurée. On l'avait crue sainte, mais le Juge Souverain lui avait reproché d'avoir, en critiquant parfois l'administration du monastère, manqué à son vœu de pauvreté. Pour expier cette faute, elle brûlait aujourd'hui en purgatoire et celles qui l'avaient aimée devaient prier pour elle. En parlant ainsi, la vision s'évanouit, mais, après sa disparition, la religieuse remarqua, sur une porte d'armoire, les traces noircies que l'on a conservées.

On juge avec quelle rapidité la nouvelle se répandit dans la ville. L'Evêque ordonna une enquête, la dirigea lui-même, exhuma la défunte. On trouva que la main du cadavre correspondait exactement à la main du fantôme. On remarqua même que le petit doigt qui, du vivant de la défunte, était crispé, n'avait imprimé sur le bois qu'une trace diminuée. Le prélat rédigea des procès-verbaux, signa, fit contresigner des authentiques, et les religieuses, depuis ce temps, répètent à qui vient l'entendre, le récit du miracle. Celle qui nous le raconta ajouta qu'elle gémissait sur le sort de ses sœurs de France et nous promit de demander à Dieu qu'il daignât rendre la paix à notre patrie.

... Le soir, à l'hôtel de la Poste, une gaie société remplissait la salle et mettait sur les dents les garçons. Dans la *Via Grande*, une musique militaire fêtait la Brèche romaine au son des cuivres babillards et la cohue, sous les rampes de lampions qui traçaient çà et là des lignes de feu sur les corniches, passait et repassait en bavardant.

A MONTEFALCO.

VI

MONTEFALCO.

Vendredi 21 septembre. — C'est de Foligno que s'impose la promenade à Montefalco. Elle s'impose d'ailleurs de la manière la plus agréable.

Autour de Foligno, la campagne n'est que médiocrement fertile. Tout au fond de la vallée, cessent les plantations d'oliviers, et, dans les champs, veufs aujourd'hui de *grano turco* (maïs), car la moisson est entièrement terminée, croissent ormeaux et mûriers. La vigne pend aussi en festons, mais, semble-t-il, moins abondamment que dans l'Emilie ou la Toscane. Nous longeons ou traversons deux fleuves canalisés : le Topino et le Clitumne. Ce sont de profonds sillons enfermés entre hautes digues. Ces rivières desséchées l'été, torrentueuses l'hiver, se répandaient jadis en débordements et en marais pestilentiels ; en les endiguant, les Ombriens ont régularisé leur cours, préservé la vallée et conquis sur la lande caillouteuse quelque terrain fertile.

Sur la route, nous rencontrons de loin en loin des contadines vêtues de loques, des terrassiers au travail ou de jolis petits cochons noirs. Près d'un moulin, au bord du Clitumne, attendent, dans l'attitude la plus pacifique du monde, une belle paire de mulets. Les paysans qui sont venus apporter leur grain interrompent leurs bavardages pour nous regarder passer. Au bout d'une heure, nous avons traversé la vallée et nous commençons à gravir l'autre pente. Bientôt les oliviers reparaissent. Leurs troncs noueux se déchiquettent en deux ou trois lambeaux qui s'écartent puis se rejoignent et parfois se séparent tout à fait. Ces moitiés, ces tiers d'arbres continuent à vivre et portent au bout de leurs bras crispés des bouquets de feuilles qui n'ombragent pas et de petites balles qui verdissent gentiment en attendant le jour de la récolte et du pressurage.

Au quart environ de la montée, la route se bifurque. Un chemin va vers Bevagna ; l'autre contourne lentement le mamelon sur lequel nous apercevons les maisons de Montefalco. Pendant un quart d'heure nous suivons une crête : sur les deux pentes dévalent, en flots moutonneux, les têtes d'oliviers ; puis nous voici au-dessous des murailles de la ville. La route s'étend large et éblouissante en arrière de notre voiture. Entre les deux haies d'arbres qui la bordent, nous apercevons la campagne ombrienne qui s'étend vers Foligno et Spello. D'un pas nonchalant marche une femme. Un linge plié sur sa chevelure pend gracieusement autour de sa tête et ses yeux suivent avec intérêt le travail de ses mains qui découpent de longs rubans de pelure autour d'un fruit.

*
* *

La route aboutit enfin à la porte de la ville mais, pour nous gagner du temps, notre cocher tourne à droite, fait galoper son cheval sur une longue chaussée et nous conduit d'abord vers un petit couvent franciscain.

Il faut voir ici quelques fresques de l'école Ombrienne. Un *frate* nous mène dans la chapelle et, bien complaisamment, nous fait parcourir tous les pauvres corridors de son pauvre couvent. Comme les splendeurs médiocres de cette masure ne nous enthousiasment pas autrement, nous rentrons bien vite en ville et nous voici, dans la cité aux ruelles escarpées, à la recherche des œuvres d'art et des souvenirs.

Chemin faisant, nous entrâmes à l'église Sainte-Claire. Un sacristain, deux sacristains, en nous apercevant, se revêtirent de leur *cotta* et se mirent en devoir de nous montrer le corps de la sainte. Ils sonnèrent une cloche, allumèrent des cierges, parlementèrent près d'un tour et nous annoncèrent comme des Français. Finalement nous entendîmes des machines jouer, des religieuses chuchoter, des rideaux couler, des volets s'ouvrir et, dans la mystérieuse lueur des cierges, apparut, derrière un grillage, le corps vénéré.

Sainte Claire de Montefalco naquit vers l'an 1275. Ayant embrassé la règle des Augustines, elle se fit estimer d'elles pour sa ferveur et devint leur abbesse. Ce fut une grande mystique ; elle passa sa vie entière à jeûner et à contempler la Passion du Sauveur. Entre temps elle guérit des malades et, dans la cité du Faucon, apaisa des guerres civiles. Elle mourut, et Jean XXII, le pape d'Avignon, introduisit la cause de sa canonisation: mais c'est seulement Léon XIII qui, en 1881, l'inscrivit au catalogue des vierges saintes. On avait, paraît-il, après son trépas, retrouvé dans son foie l'image des clous de la passion, et, aujourd'hui encore, dans son cœur exposé sous un cristal, on fait remarquer un petit crucifix miraculeusement tressé de muscles et de nerfs.

*
* *

A travers le dédale des *vicoli*, nous arrivâmes à la place municipale. C'est un assez vaste quadrilatère de chef-lieu de canton arriéré, sur lequel s'ouvre la façade à colonnes de l'hôtel-de-Ville.

Un vieux cicerone à barbe de fleuve et dont la redingote râpée signalait tout ensemble la dignité et la misère, nous introduisit dans l'église San-Francesco. L'autel dépouillé et la *cantoria* vide de son orgue y révélaient la grande tristesse d'un temple désaffecté. Mais, dès l'entrée, nous attendait notre ami Benozzo. Il avait posté là, pour nous rasséréner, un excellent saint Jérôme. Tout de rouge habillé, comme un cardinal de la Sainte Eglise qu'il n'était pas, le vénérable pontife s'était agenouillé près d'un lion plus excellent encore que lui, et, avec un sourire de pitié et un peu de malice sur les lèvres, il s'évertuait à tirer au cher animal une épine du pied.

Mais ce n'était là qu'un préambule. Derrière l'autel, autour du chœur où chantaient jadis les voix des franciscains, Benozzo Gozzoli a raconté toute la vie du Patriarche l'Assise. Il a, en couleurs claires dont l'Angelico lui avait appris le secret, expliqué comment François naquit entre un bœuf et un âne, comment il empêcha l'église de Latran de sécrouler misérablement, comment il vit en songe un château couvert d'oriflammes et d'écussons, etc. etc. Qui dira la gaîté de ces peintures ? Qui montrera comment Benozzo transforma en tableaux épanouis les fresques maussades que le vieux Giotto avait brossées sur les murs de l'église d'Assise. Qui décrira la joliesse des anges aux boucles blondes, la grâce des jeunes gens, la terreur naïve des franciscains pleurant, non avec des gestes comme à Santa Croce de Florence, mais avec une silencieuse compassion dans les traits, autour du lit où expire le fondateur ?

*
* *

Nous quittons l'église ravis et nous voici sur les remparts, Montefalco forme dans toute l'acception du mot un Belvédère. Placé sur une éminence dont il occupe la plate-forme, il domine toute la province. Voici donc, à notre droite, non plus le couloir large sans doute mais trop tôt limité par les chaînes apennines, qui s'ouvrait devant nous à Spolète, dans une perspective toute en longueur. Voici un panorama circulaire. C'est toute la vallée du Clitumne et du Topino. C'est, au pied des hauteurs le cône blanc de Trévi ; c'est, dans une anfractuosité, Spello ; c'est Foligno étalée sur le sol de la plaine, puis Assise, puis au-dessus d'elle, le large dos du Soubasio. Mais, dans la direction opposée, c'est aussi Bévagna où Saint François prêcha jadis aux oiseaux et, vers la gauche, une autre vallée qui s'allonge du côté du Tibre et dont les profondeurs incomplétement aperçues suggèrent l'idée d'une campagne indéfiniment verte, indéfiniment accidentée, indéfiniment parsemée de ces constellations blanches qui sont des villes. Et sur cette étendue, sur cette pelouse infinie aux déclivités si douces, dans un silence absolu qu'aucun bruit de pas, aucun frémissement de feuillage ne trouble, le grand soleil de midi

Tombe, en nappes d'argent, des hauteurs
                             [du ciel bleu.

Nous retrouvâmes notre voiture. Elle attendait à la porte de la cité. Près de là, à la haute muraille du rempart s'accrochait la vasque d'une fontaine de marbre. Un contadin coiffé d'un feutre pointu y désaltérait les bœufs de son attelage. Je me mis en posture pour le photographier. L'homme se pencha en riant pour qu'on le vît bien. L'un des bœufs, qui avait fini de boire, leva, pour se délasser, son énorme tête encornée...

Notre cocher s'impatientait, nos estomacs criaient famine. Nous dévalâmes bien vite à Foligno pour y déjeuner.

De Foligno le train nous emporta vers Assise et, le soir, c'est avec une dignité presque hautaine que nous accueillit le propriétaire de *l'Albergo del Leone*.

VII

ASSISE.

Samedi, 22 septembre. — Il y a plus de six siècles que les pélerins gravissent l'interminable montée qui conduit à Assise, pour y porter leurs hommages à saint François et pour y visiter les endroits sacrés où le Séraphique Père naquit, vécut et pria. Après tant d'autres nous apportions en Ombrie le désir de vénérer les souvenirs de ce Saint illustre, celui aussi de revoir, d'étudier d'un peu près la page célèbre dans l'histoire de l'art que Giotto et ses élèves ont peinte sur les murailles du Sacro Convento. Mais voici que la rencontre d'un ami charmant transforma nos projets. Assise, ses couvents, ses églises, ses paysages nous apparurent comme un délicieux décor de second plan, et c'est la conversation de M. Le Cardonnel qui captiva le meilleur de notre attention.

Louis Le Cardonnel, dont j'avais été le condisciple autrefois et que je fus heureux de retrouver à Assise; est un prêtre que le bon Dieu a doué d'un beau talent poétique. On parlait déjà avec grande estime de ses œuvres lyriques quand il entra au séminaire. Depuis une dizaine d'années, il a reçu l'ordination sacerdotale et, pour obéir à ce qu'il estime justement être sa vocation spéciale, il mêle

le geste
D'accorder la cithare au geste de bénir.

Il habite maintenant le monastère bénédictin d'Assise. Il y réside près d'un savant religieux que nous eûmes le vif regret de ne pas rencontrer : le Prieur Don Grégorio Frangipani.

Nous nous reverrons longtemps dans la chambre du couvent San Pietro où notre ami M. l'abbé Le Cardonnel nous reçut. Elle avait été, nous dit-il, celle de Léon XIII, qui, au temps où il occupait le Siège épiscopal de Pérouse, venait s'y reposer chaque année. Elle nous parut simple et austère comme il convient à un appartement ecclésiastique. Dans un cadre suspendu à la muraille, une Madone ombrienne, son bel enfant sur les genoux, regardait en souriant. D'une fenêtre on apercevait l'horizon. Près de là, sur une petite table, quelques livres et revues françaises ; plus loin, un canapé un peu fané sur lequel nous dûmes nous asseoir et, devant nous, montée sur une estrade, une table couverte de paperasses. « Du haut de cette chaire, nous dit notre hôte, je fais des cours à un auditoire invisible ! »

J'avais vu pour la dernière fois M. Le Cardonnel en 1897. Il avait peu changé depuis près de dix ans. Ses yeux poursuivaient toujours le même songe intérieur et se dirigeaient encore volontiers vers un objet invisible. « Je me suis mûri, n'est-ce-pas dit-il ? »

Nous lui parlâmes des « Poèmes » qu'il a réunis en volume, l'année dernière, et qu'a publiés la Société du *Mercure de France*. Nous joignîmes nos modestes éloges à ceux que la Presse de tous les partis a unanimement décernés à cette œuvre.

« Vous aimez ces vers, interrogea-t-il ?

— Oui, surtout les derniers.

— Mes amis ont voulu que j'imprimasse mes fantaisies un peu décadentes du début pour qu'on suivît mieux l'évolution de ma manière. »

Sur notre demande, il accepta de lire quelques pièces nouvelles.

Nous restâmes assis sur le sofa. Lui

chercha dans une armoire des feuilles volantes puis, allant et venant dans sa chambre, il lut.

Il lut lentement avec la gravité d'un prêtre qui célèbre un mystère ; il lut d'une voix profonde qui marquait le rythme des syllabes. Il évoqua saint Ephrem dans son désert syrien et le lion qui plaçait entre les mains du solitaire une patte amie. Il récita l'épitaphe de deux époux chrétiens trouvée par lui aux catacombes.

Il dit enfin des stances adressées à un jeune poète pour l'entraîner à l'amour de la Beauté Eternelle. C'est au neveu de Don Grégorio qu'il les a dédiées. Cet adolescent, descendant d'une illlustre famille romaine, porte dignement le fier nom d'Agenore Frangipani. Nous eûmes le plaisir de faire sa connaissance. Il nous a semblé mériter la confiance que lui témoigne notre ami. Il a le cœur assez noble pour goûter son langage plein d'un grave et fervent idéalisme platonicien. C'est un disciple capable d'entendre « l'initiateur » lui donner des conseils d'héroïsme et de pur enthousiasme. Il peut apprécier des strophes comme celles-ci :

Tu ne laisseras pas comme tant de victimes
De nos âges, pesants de médiocrité,
S'éteindre le flambeau de tes vœux magna-
[nimes
Au souffle obscur d'en bas, jaloux de sa
[clarté.

Ces Muses me l'ont dit, dont la voix d'or te
[presse
De n'aspirer jamais à rien que d'éternel,
Et je sais les ferments de l'héroïque Grèce,
Dans tes veines roulés par le sang maternel.

Eux-mêmes, tes aïeux de Rome et de Sicile,
Te conjurent, du fond de leur sacré tombeau,
De porter haut tes pas, loin du chemin facile,
Jusqu'aux sources du Vrai, jusqu'aux sour-
[ces du Beau.

Notre ami, M. Le Cardonnel, rêve de Platon, mais d'un Platon qui penserait avec le cerveau de Marsile Ficin. Marsile Ficin lui paraît caractériser cette première renaissance du XV° siècle qui, déjà grecque, n'était pas encore païenne. Il est séduit par la littérature et la pensée des humanistes délicats du *Quattro cento* comme d'autres le sont par les tableaux des peintres de la même époque. Il croit qu'à ce moment on sut allier la foi et la beauté. A l'exemple des prélats lettrés de la cour de Nicolas V, il veut exprimer la vérité de nos croyances en vers de facture attique, et, comme l'un de ses maîtres, Victor de Laprade, il cisèle un

Beau vase athénien plein de fleurs du Cal-
[vaire.

Sur un meuble de sa chambre il a placé une lampe de terre cuite exhumée des catacombes et une Tanagra qui représente une muse : ce sont ses talismans. Renan adressa un jour à Pallas Athéné une prière qui est un blasphème ; Le Cardonnel adore aussi la déesse, mais dans l'espoir qu'elle se laissera baptiser.

« Mais, cher maître, n'êtes-vous pas l'hôte d'Assise ? Je m'explique mal qu'à deux pas du Sacro Convento, ce soit Marsile Ficin, Platon et l'Atticisme qui vous aient séduit !

— Je me suis mûri, répondit-il encore une fois. Je m'inspirerai ici de saint François : ce serait une gageure à Assise de ne pas dédier un poëme à saint François ; mais je l'avoue, ce n'est plus le moyen âge qui m'enthousiasme ; le christianisme déborde largement ses siècles d'airain. Vous m'avez connu fanatiqué des Primitifs, je les aime encore, mais aujourd'hui j'admets Raphaël. »

Le poète après ses vers nous lut sa

prose. On la reçoit au *Mercure de France*. « J'ai toujours collaboré à cette revue, nous dit-il. J'y suis, j'y reste. » Il envoie à ce périodique des chroniques morales et religieuses. Dernièrement il y raconta le sacre des quatorze évêques français à Rome. Sa prose mérite les mêmes éloges que ses vers : colorée, nerveuse, elle s'élève facilement au mouvement oratoire ; elle décoche des traits qui touchent, qui pénètrent, qui fixent définitivement l'idée. Ainsi, en concluant son article, il adjure les évêques : Soyez des Pères, soyez des Pasteurs, soyez bons, soyez vaillants « enfin, soyez ! »

Sur ces derniers mots nous nous coiffâmes de nos chapeaux et après avoir traversé la petite cour herbeuse du monastère où séchait du *grano turco*, nous gravîmes des ruelles escarpées et nous parvînmes au *Sacro Convento*.

Une lumière éblouissante remplissait son immense parvis. Au fond, dans le coin de droite, se dessinait le porche de l'église inférieure. Lignes gothiques mais lignes de marbre ; très analogues à celles de la tradition française, mais avec je ne sais quoi de plus achevé, de plus précis, de plus harmonieux.

Nous entrâmes sous la voûte obscure, d'autant plus obscure que nous sortions du grand soleil.

Le poète se sentit mal à l'aise. La crypte ne lui paraissait sans doute pas assez platonicienne. Il la trouvait sombre, morne, funèbre. « Ce n'est là, dit-il qu'un côté du christianisme, le début douloureux de l'initiation ; le terme radieux est figuré là-haut par la basilique lumineuse. »

Et pendant qu'il parlait, je percevais dans la pénombre vingt coins pittoresques, des escaliers aux rampes découpées, des mausolées dont les torsades de marbre portaient finement des baldaquins, des évêques endormis mitre en tête avec des lions sous les pieds, des perspectives mystérieuses, des nefs basses, des chapelles sombres, des arcades à tous les plans, dans toutes les directions. Sur les surfaces de l'église, sur les murs, sur les larges piliers, sur les voûtes, mes yeux suivaient la procession des Saints ; ces fresques décolorées par le temps et par l'ombre, ces figures vagues, ces gestes anguleux, toute cette évocation du passé ne me semblait ni attique, ni splendide, mais, comme le bruit de ferraille des siècles barbares s'y est depuis longtemps dissipé, les symboles qui m'entouraient, s'ils parlaient et ils parlaient certes, ne pouvaient plus signifier que l'amour, la foi, la vertu chrétienne. La crypte basse et profonde me semblait remplie de ce qui fut bon au moyen-âge et des seules choses qui furent bonnes. A deux pas du sépulcre où repose le séraphique François, je contemplais, malgré l'obscurité, tant d'histoire et tant de christianisme que j'eusse cherché en vain le moyen de ne pas admirer. « Le début de l'initiation » me semblait déjà sublime.

*
* *

Nous montâmes à l'église supérieure. Nous entrâmes par le transept. Le chœur s'ouvrait devant nous éclairé, comme en France, par de vastes fenêtres en arc brisé. Sur trois hautes marches et tourné vers la nef s'élevait l'autel papal. Comme, depuis quelque temps, on a rendu l'église au culte, il était couvert d'une nappe et portait de hauts chandeliers. Autour de l'abside s'étageaient les stalles de marqueterie encadrant le trône pontifical placé tout au fond.

« Voyez vous ce bel ordre dit le poète ? Ici siégea un jour Pie IX. Toutes ces banquettes étaient remplies de prélats et de clercs en costumes sacrés. Le Pontife traversa ce clergé, avança près de l'autel, gravit avec majesté ces degrés : *Beata pacis visio !* »

Nous nous mîmes en devoir d'inspecter les peintures. Des jeunes séminaristes américains, une *camerata* romaine en *gita* de vacances que nous avions rencontrée dès hier à *l'Albergo*, étudiaient consciencieusement l'œuvre de Giotto. Nous les imitâmes et, ouvrant notre Bedeker, nous commençâmes la revue des fresques qui racontent minutieusement la vie de saint François.

Nous ne pûmes nous enthousiasmer. Nous avions vu à Montefalco les mêmes scènes traduites avec trop de suavité et de grâce par le pinceau de Benozzo !

Nous renonçâmes donc à étudier le détail de ces compositions pourtant très justement célèbres et M. Le Cardonnel, d'un geste, rappela notre attention sur la grandiose architecture de l'église.

La nef s'épanouissait haute, claire et spacieuse. Sur ses murailles percées de lancettes, des faisceaux de colonnes s'écartaient assez pour ne former que quatre travées. Les voûtes posées sur de fortes arcades étalaient largement les courbures de leurs surfaces. Au delà de l'autel, au-dessus des stalles du chœur, trois fenêtres géminées fendaient l'abside et dans leurs vitraux jouait la couleur. Sur les côtés s'ouvrait la perspective des transepts. Partout les fresques remplissaient les surfaces ou précisaient les lignes, et leurs nuances bien distinctes mais atténuées par la patine du temps et par une lumière intense se fondaient dans une clarté harmonieuse et douce.

*
* *

Nous sortîmes. Il était temps de regagner *l'albergo del Leone* ou plutôt, pour employer l'expression de notre incorrigible parisien, de nous rendre chez Léon.

Chez Léon, nous nous écartons de la bande élégante et joyeuse des Yankees pour nous asseoir à une petite table.

Quel plaisir de se trouver à trois Français autour d'une petite table, en terre étrangère, au milieu d'une salle cosmopolite !

Quel plaisir surtout quand on pense de même, et qu'on peut évoquer une foule de souvenirs communs et charmants.

Notre ami nous parla du passé avec autant de charme que d'esprit, et quand, sur la fin, Agenore Frangipani arriva pour boire avec nous une tasse de café, M. Le Cardonnel put lui dire en toute vérité : « Vous saurez aujourd'hui ce que c'est que la gaîté française. »

Il fut décidé que, la promenade au *Carceri* risquant de fatiguer les tendres pieds des Muses, nous descendrions à Saint-Damien. Agenore nous accompagna.

Nous passâmes près de Ste-Claire, l'église aux lourds arcs-boutants. De la place qui la précède, le regard s'étend sur le panorama de l'Ombrie. Nous traversâmes une porte près de laquelle un enfant faisait trotter un tout petit cochon noir qu'il tenait en laisse. Puis nous suivîmes le chemin qui descend lentement sous les oliviers.

Agenore, tout en allant, cueillait des feuillages et tressait pour son maître une couronne.

On parla littérature et Boileau voulut bien fournir un prétexte à nos intéressantes divagations. Entre poète et prosateurs, Nicolas, devint immédiatement un brandon de discorde. Nous vantâmes son imperturbable bon sens, le poète regimba :

« Qu'il soit raisonnable, peut-être ; mais inspiré, non certes ! »

Et M. Le Cardonnel se mit à déclamer sur l'air d'une petite fille qui récite sa leçon :

O vous donc qui brûlant d'une ardeur péril-
[leuse
Courez du bel esprit la carrière épineuse, etc.

Il fut plus facile de s'entendre sur Virgile et tout le monde convint de l'harmonieuse musique des vers latins, surtout quand ils sont récités à la mode italienne par les lèvres d'Agenore.

Au moment où nous arrivions à Saint-Damien, Agenore s'exclama : « Voyez, dit-il, devant vous, la porte du couvent, les oliviers, l'horizon et ce vieux franciscain qui approche penché sur sa béquille : n'est-ce pas un tableau ?

— Oui, Agenore, c'est un tableau ! tout est tableau dans ce pays. » Et, pendant une minute, nous repaissons nos yeux de l'ineffable douceur du paysage.

Dans le couvent, on nous montra des reliques et nous fûmes naturellement frappés de la pauvreté extrême de cette demeure qu'ont habitée tant de saints.

Nous songeâmes qu'ici s'était révélée à saint François sa vocation et nous vénérâmes le jardinet minuscule qu'avait cultivé sainte Claire.

Nous rentrâmes en ville. Léon nous régala de *polenta*. La conversation se prolongea bien après le dîner. Léon pour y mettre fin, ne trouva pas de meilleur moyen que de s'y mêler lui-même, et c'est vers dix heures et demie du soir que, sur la petite place mal pavée qui avoisine le prieuré des bénédictins d'Assise, « sous l'obscure clarté qui tombe des étoiles, » des Français émus s'embrassèrent.

VIII

PÉROUSE.

Dimanche, 23 septembre. — Et le lendemain, après avoir célébré la messe en l'église Sainte-Claire, devant une assemblée de fidèles agenouillés sur le pavé, nous descendîmes en *carrozza* la longue route qui gagne le fond de la vallée.

Nous vénérâmes, en passant, la Portioncule. Les habitants du village qui s'est formé autour de cette basilique y remplissaient leur devoir dominical. Ils surveillaient la porte de la sacristie et, quand un prêtre en sortait vêtu de ses ornements sacerdotaux, ils se précipitaient à sa suite vers l'autel où il se dirigeait. Le plus grand nombre s'était entassé dans la petite chapelle qui occupe le centre de l'église et à qui convient spécialement le nom de Portioncule. C'est cet étroit édifice que saint François répara de ses propres mains et à qui le monument énorme, sous lequel on l'a abrité, sert de châsse.

Dans l'église circulaient aussi des touristes : un franciscain, chargé de les

« cicéroner », les accueillait ; son trousseau de clefs en main, il leur expliquait les souvenirs du patriarche d'Assise et leur montrait les œuvres d'art dont les Della Robbia, le Pérugin et Overbeck ont orné la basilique. Nous suivîmes ce guide, nous adressâmes ensuite une dernière prière au saint fondateur et nous sortîmes.

*
* *

Nous traversâmes plusieurs villages. Contadins et contadines endimanchés sortaient de l'office. Sur les épaules des femmes s'épanouissaient des châles aux vives couleurs ; les cloches sonnaient ; tout souriait, jusqu'aux pots de géraniums qui fleurissaient, fixés par d'ingénieuses appliques, à l'appui des fenêtres.

Nous arrivâmes au Pont San Giovanni. C'est une énorme construction en dos d'âne. Elle monte tapageusement à l'assaut de cinq ou six piles pour franchir la flaque d'eau jaunâtre qui porte le glorieux nom de Tibre.

Le Tibre passé, nous foulons de nouveau la terre étrusque et nous allons rencontrer l'un des plus curieux specimens de son antique civilisation : le tombeau des *Volumnii*. Il paraît que ce curieux hypogée fut découvert par deux bœufs qui en labourant effondrèrent le sol en cet endroit.

Imaginez-vous une suite de cinq chambres souterraines disposées en forme de croix et reliées par des corridors étroits et courts.

Le tout est creusé à même dans le tuf, mais, pour simuler quelque architecture, on a taillé la voûte en forme de charpente supportant une toiture à double rampant. Tout le long des parois sont rangés les minuscules sarcophages dans lesquels les ancêtres des romains recueillaient les cendres de leurs défunts. Sur le couvercle de ces funèbres coffrets s'étend, mollement accoudée sur un oreiller de pierre, l'effigie drapée et voilée du trépassé. De la voûte, portés par des chaînes d'airain, pendent de petis génies ailés, protecteurs des mânes et, planant sur le tout, des gorgones aux cheveux de serpents baillent, énervées par ce triste séjour, avec un ahurissement de pleines lunes effarées..

Sur les parois des sarcophages ou des murailles, des sculpteurs assez habiles ont retracé des scènes de chasse ou des animaux de différente sorte. Ils ont donné libre cours à l'imagination la plus capricieuse. Jamais chimères plus absurdes n'ont hanté le cerveau humain que celles qui, depuis deux mille ans, tordent leurs croupes invraisemblables dans les nécropoles étrusques.

Nous sortons de cette cave habitée par le cauchemar, et respirons à pleins poumons le soleil.

Bientôt la voiture quitte le fond de la vallée, et, en attendant midi, nous montons pas à pas les longs méandres de la route qui escalade la cité de Pérouse. Chemin faisant, nous croisons de grands chars à bancs où une joyeuse bande de Pérugins part, suré en tête, en excursion pour la campagne. Enfin, c'est triomphalement que, sous l'arc d'Auguste, nous franchissons l'enceinte de la noble capitale Ombrienne.

De quoi donc est fait le charme pénétrant qui fascine le voyageur quand il visite Pérouse ?

La ville couvre cinq collines, et, sur l'horizon vert, ses maisons blanches forment une étoile à cinq rayons. Est-ce que cette vision, aperçue du fond de la vallée, a séduit le touriste avant même qu'il ait atteint la porte de la cité ? Ou bien se souvient-il de l'histoire guerrière de la ville ? La bête échevelée que, sur les monuments publics, il aperçoit hargneuse, patte levée, ergots écarquillés, le vilain griffon pérugin lui rappelle-t-il un moyen-âge plus belliqueux encore ici qu'ailleurs ? Trouve-t-il un charme suprême à suivre dans les rues tournantes le souvenir des guelfes ou des gibelins qui, bandière au vent, les parcouraient au temps passé ? Est-ce plutôt l'image du pontife Léon XIII qui lui apparaît pacifique et blanche, errant dans les pittoresques recoins du palais archiépiscopal ? Ou bien, sans recourir ni à l'histoire, ni à l'imagination, ne lui suffit-il pas simplement d'ouvrir les yeux et de regarder pour être ravi ?

Tout à Pérouse est délicieux. Suivez le noble Corso Vannucci, c'est une belle et large rue ornée de vivants magasins et qu'anime une foule empressée. Visitez la place du Municipe : vous voici devant le plus merveilleux palais médiéval qui se puisse imaginer. Ce n'est pas une lamentable ruine comme l'évêché de Viterbe. Puissant dans sa masse cubique, c'est une demeure altière et sombre. Le Griffon

communal et le lion guelfe s'accrochent à
sa muraille, et, au-dessus de la porte,
menacent le visiteur indiscret. Les étroites
fenêtres de ses étages, l'harmonieuse
dissymétrie de ses balcons mêlent quelque
grâce à beaucoup d'austérité. Devant
ce monument et la fontaine huit fois séculaire
qui, dans ses vasques superposées,
distille l'onde municipale, il est
impossible de ne pas rêver, et, partant,
de ne pas admirer.

*

A côté de l'Hôtel de Ville, entrez dans
la Cathédrale. Elle est vaste comme le
désert où saint Jean-Baptiste prêchait.
De minces piliers portent à une grande
hauteur la triple voûte de ses nefs et,
derrière l'autel, s'installe le clergé. Tout
à coup, on entend le *Deus in adjutorium*
des Vêpres. Dans les espaces retentissants
de l'église vide, le chant liturgique
se répercute. On attaque le premier
psaume, et, certes, l'attaque ne manque
pas de fermeté. Aussitôt, chanoines,
clercs, chantres, enfants de chœur, et jusqu'à
deux sacristains qui causaient dans
un coin, ajoutent verset à verset avec
impétuosité. A leurs pieuses clameurs

se joignent bientôt les trilles et les roulades de l'orgue ; enfin, dévorant les psaumes et brûlant les antiennes, les choristes, en moins d'un quart d'heure, aboutissent époumonnés au Capitule. Le repos n'est pas long, l'*Ave Maris Stella* rend aux chanteurs leur verve, à l'organiste son brio. Le *Magnificat* donne ensuite le signal d'une procession, et, pendant que, sur le clavier, les doigts du *maestro* se livrent à une gymnastique enfiévrée, l'officiant fait fumer l'encens aux endroits les plus vénérables de l'église.

Qu'on ne croie pas que cette liturgie m'ait choqué. Tout au contraire. En Italie les chanoines et les clercs chargés de desservir les cathédrales sont plus nombreux qu'en France, aussi peuvent-ils s'acquitter de l'Office d'une façon plus vivante et plus complète. Dans ce pays où la foi est, en somme, plus vive que chez nous, les prêtres ne sont pas tous absorbés par les soins du ministère et considèrent comme une *fonction* importante celle de faire retentir sous les voûtes des églises le *laus perennis*.

Chantez donc, clercs italiens, chantez ! Comme les anges du palais Riccardi ou comme ceux que della Robbia sculpta sur la *cantoria* de Florence, ouvrez vos bouches bien largement ! Chantez très vite et surtout chantez très fort ! Dans les sanctuaires reculés et mystérieux, Dieu aime le silence, mais, dans les nefs de vos vastes églises, Il se plait aux jubilations bruyantes.

Quittons la cathédrale de Pérouse pour faire le tour de la ville, et l'allure des chants sacrés ne nous étonnera plus. Les Pérugins vont, viennent ; les voitures se croisent, s'enfoncent dans les profondeurs des rues qui dévalent ou grimpent, au trot nerveux de leurs petits chevaux, le long des rampes qui contournent les fortifications de la cité. Aux carrefours, des gens du peuple se sont assemblés pour jouer aux boules et tout ce monde joyeux, rieur, bavard, s'épanouit à plein visage. Au bout du *Corso Vannucci*, un joli square s'avance en terrasse vers la plaine, comme l'éperon d'un navire vers la haute mer. Les promeneurs y sont nombreux pour jouir de la vue et du parfum du soir.

Le crépuscule va s'étendre sur l'immense Ombrie, mais il est encore possible, sur l'océan houleux de la vallée, de percevoir, semblables à de blancs esquifs portés au sommet des vagues, les jolies cités que nous avons parcourues les jours précédents. Droit comme un I, le campanile de Saint Dominique barre tout ce paysage de sa masse rouge et carrée ; à nos pieds, le tramway, comme un joujou mécanique, file tout seul vers la gare; parmi les habitants du faubourg qui remontent en ville, un tout petit séminariste, dont on a affublé les quatorze ans d'un grand chapeau à trois cornes, se faufile vers des ruelles ; devant la porte d'un hôtel, une automobile tousse, éternue, crachotte et, penchés sur le parapet à pic, deux abbés français se demandent, quand le bon Dieu a tout fait si beau, si bon et si bien dans la nature, pourquoi il y a des gens qui veulent absolument y semer la discorde et y amonceler des ruines.

Lundi 24 septembre. — Pérouse, comme Florence, évoque une vision d'art du XVe siècle. Mais pour préciser ce souvenir, il faut tout de même imaginer un peu d'histoire. Il faut, dans les rues grimpantes et au pied des gothiques palais, voir défiler les cortèges guerriers ou mondains des condottieri d'antan. Il faut, par exemple, se rappeler le jour où Biordo Michelotti, après je ne sais quelle razzia dans la contrée, rentra triomphant dans sa ville, avec cinq cents chevaux. On peut encore se souvenir des noces du fameux tyran Braccio. La fiancée arriva de Camerino ; cent nobles dames et quarante demoiselles l'accompagnaient. Les seigneurs de Fabriano et de Foligno lui servaient de parrains. Braccio attendit la jeune fille à la porte de la cité : les jurés de la Marchanderie, et les banquiers du change, et les docteurs de l'Université, et toute une armée de jeunes gens, et trente joueurs de trompettes, et trente siffleurs de fifres, tous vêtus d'écarlate, la conduisirent au palais de son futur époux. Et, pendant trois jours consécutifs, ce furent sur les places de Pérouse, des danses et des tournois sans fin.

Aux visions de guerre, aux visions de fête, on doit ajouter les visions de foi. Ah ! sans doute, l'art ombrien, émule de de celui de Florence s'initia peu à peu, pendant le cours du XVe siècle, aux merveilles de la nature et à l'harmonie des joyeuses couleurs. Comme les Toscans qui posaient devant Benozzo et Ghirlandaio, les personnages des tableaux pérugins se repaissent, entre deux batailles, du plaisir de se sentir beaux et braves ; tous, anges et saints, bergers et rois, moines et soldats, s'éveillent au spectacle des choses que les artistes leur révèlent et leur expliquent.

Mais qu'on ne l'oublie pas, les Pérugins du XVe siècle étaient avant tout religieux. Les pensées de la foi inspiraient leurs âmes, comme les pratiques de piété remplissaient leur vie. Au moment où Boccati et Bonfigli peignaient, leur cité était remplie du souvenir de Saint Bernardin de Sienne. Tout le monde racontait comment il avait converti la ville.

C'était en août 1425. Bernardin sur la place du Municipe, était monté dans la chaire de marbre creusée au flanc de la Cathédrale. Tous les citoyens se pressaient remplis d'émotion et de curiosité : le saint leur avait annoncé qu'il montrerait le diable. « Je vais tenir ma promesse, s'écrie-t-il enfin, et ce n'est pas un diable que vous verrez, mais plusieurs : Regardez-vous les uns les autres ! Ne faites-vous pas tous l'œuvre de Satan ! » Et le saint traça un tableau de tous les vices qui déshonoraient la ville.

Emus par ses objurgations, les Pérugins se frappent la poitrine. La paix publique est rétablie, la piété se ranime ; des objets de luxe et de vanité, on fabrique, entre la fontaine et l'archevêché, deux châteaux qu'on incendie. On inscrit le nom de Jésus sur toutes les maisons et les autorités sévissent contre les blasphèmes et les vices infâmes.

De tels souvenirs occupèrent tous les esprits, au moins pendant un siècle, et les artistes ombriens, comme ceux de Sienne, comme ceux de Florence, comme ceux de Rome, comme ceux de toute l'Italie retracèrent un peu partout l'image du franciscain au visage émacié qui portait entre ses mains le nom de Jésus inscrit dans une gloire d'or.

A la Pinacothèque de Pérouse, une série de fresques attribuées à Fiorenzo raconte l'histoire des miracles de Bernardin. Une grande bannière le représente lui-même accueilli au Ciel par Jésus-Christ. Mais l'œuvre d'art la plus exquise qu'on lui ait consacrée, c'est, près du couvent de Saint-François où il vécut, une façade d'oratoire que décora Agostino di Duccio. L e pauvre moine y monte au ciel au sein d'une auréole embrasée et, tout autour de lui, volent des anges de marbre.

Lorsqu'on regarde ce charmant bas-relief, on ne sait qu'admirer le plus, de l'extase du saint ou de la grâce des anges, et lorsqu'on étudie l'image de ces jeunes hommes, on ne sait ce qui semble le plus éthéré de la flottante mousseline qui drape leurs souples membres, ou de l'adoration passionnée qui anime leurs visages.

Mais ce n'est pas seulement le souvenir du fameux Prédicateur qui remplit de piété l'art Ombrien. Les toiles de la Pinacothèque représentent les sujets religieux les plus variés. Dans ses salles charmantes, on marche au milieu d'une assemblée de Christs, de Madones et de Saints.

La foi, suggère aux artistes des pensées riantes. Elle invente les anges timides de Bonfigli, qui présentent à Jésus de si jolis paniers de fleurs. Elle inspire à Boccati ce curieux tableau où trône la Madone et où, assis dans des stalles fleuries, chantent à bouche que veux-tu un chœur de bébés roses. Parfois la pensée chrétienne est plus austère.

Comme s'il eût voulu, aux cantiques du ciel opposer les misères d'ici-bas, Boccati, sur la toile même où neumatisent ses angelots frisés, a placé des pénitents. Ils sont agenouillés ; un trou pratiqué dans le sac qui couvre leurs épaules laisse voir leur chair nue. C'est à cet endroit qu'ils vont appliquer la discipline quand, tout à l'heure, ils auront assez longtemps contemplé Marie.

L'école d'Ombrie, comme l'école de Sienne, semble donc avant tout une école d'art religieux. On dit pourtant que Vannucci, le plus célèbre des maîtres qui l'ont illustrée, et celui qu'on nomme par excellence le Pérugin, ne croyait pas en Dieu. Comment donc se fait-il qu'avant lui, nul n'avait, devant l'Enfant de la Crèche, agenouillé des Vierges si douces, ni appris aux Saints à lever vers le Ciel des yeux si pleins d'extase ?

Ce sont des croyants certes, parmi tant d'autres, ce saint Jean et cette Madeleine qui, à la Pinacothèque, pleurent d'une manière si profondément émouvante aux pieds de ce vieux Christ de bois ! Ce sont des croyants aussi, les graves personnages que Vannucci peignit dans la chapelle Saint Sévère. Au-dessus d'eux le brillant élève qui s'appelait Raphaël Sanzio esquissa timidement la composition céleste qu'il devait, un jour, réaliser avec tant de maîtrise dans la Dispute du Saint-Sacrement. Mais si l'idéal du jeune homme s'annonce déjà gracieux et pur, c'est dans le recueillement d'une piété plus intense que s'abstraient les saints qu'à créés le maître.

Il est vrai qu'au *Cambio*, le Pérugin a représenté des païens.

*
* *

Qui donc n'a entendu parler de la maison des Changeurs de Pérouse ? Dans une chambre obscure, les banquiers du *quattro cento* ont voulu qu'on plaçât sous leurs yeux, quoi ? des affiches pour leur apprendre le cours de la Bourse ? Non, mais des fresques symboliques. Et que symbolisent ces peintures ? La fortune, le commerce, l'industrie, la prospérité des finances pérugines ? Non, encore. Sous deux arcades centrales, Jésus, entre Joseph et Marie, naît à l'humanité;

puis, devant les Apôtres, sur le Thabor, il révèle sa divinité. Autour de cet Homme-Dieu, Vannucci groupe les prophètes hébreux et les Sibylles, ces païennes qu'inspirait l'Esprit-Saint; mais s'il convoque aussi les plus authentiques des gentils : Fabius Maximus, Socrate et Numa ; Furius Camillus, Pittacus et Trajan ; Lucius Licinius, Léonidas et Coclès, c'est pour que ces sages servent, eux aussi, de témoins au Christ éternel.

Voilà des fresques platoniciennes, mais voilà surtout des fresques chrétiennes. Le *Cambio* de Pérouse, c'est Marsile Ficin en peinture : M. Le Cardonnel serait content. Si le Pérugin, nous dirait-il, voulut tuer en lui-même l'inspiration chrétienne, avouons qu'il n'y a pas réussi. En dépit de sa malice personnelle, l'esprit qui régnait autour de lui, le sang qui coulait dans ses veines, et le génie qui inspirait son art, demeurèrent croyants malgré lui.

La nature humaine présente de ces complexités et de ces mystères.

C'est à regret que nous quittâmes si tôt la charmante Pérouse. Tandis que notre train s'éloignait, nous regardâmes une dernière fois la colline où s'étale comme sur un trône dominateur et verdoyant la Reine de l'Ombrie. Tout à coup un tunnel nous aveugla de fumée et nous entrâmes dans le Val di Chiana.

A gauche s'étendait à perte de vue la nappe bleue du Trasimène, à droite l'horizon était fermé par les collines derrière lesquelles se cachèrent autrefois les Carthaginois d'Annibal.

C'eût été le moment de réciter Tite-Live et de se représenter avec exactitude les évolutions de l'armée punique et de l'armée romaine. Mais des enfants accourus le long de la voie troublèrent cette évocation du passé en agitant gentiment leurs mouchoirs en notre honneur et le train, rejoignant la ligne qui venait d'Orviéto nous débarqua à Terontola.

De Terontola nous ne fîmes qu'un saut jusqu'à Cortone, la patrie escarpée de Sainte Marguerite et c'est au pas traînant de deux haridelles, qu'une petite diligence jaune nous balança pendant une heure et demie sur le flanc d'une montagne dont le sommet fuyait toujours. Enfin nous arrivâmes, au fond d'une étroite ruelle devant la porte hospitalière de l'*Albergo*.

Ce soir-là nous lûmes sur nos oreillers ce vœu charmant : *Buon riposo*.

IX

CORTONE ET AREZZO.

Mardi 25 septembre. — Cortone est un peu la ville des arts, davantage la ville des Saints et tout à fait la ville du vent.

Est-ce une œuvre d'art que la lampe étrusque conservée à l'Hôtel de Ville ? J'avoue que le Musée municipal m'a beaucoup plus amusé que le prétendu chef d'œuvre qu'il contient. Le visiter fut une ascension des plus mouvementées. Il fallut d'abord négocier avec un guide, tout comme pour monter au Mont-Blanc. Sur les pas du dit guide, un très brave homme de concierge qui portait les armes de la ville sur sa casquette, nous gravîmes un escalier, deux escaliers, trois escaliers. Après nous être reposés à l'étage de la justice de paix, et avoir côtoyé la salle des mariages, nous nous arrêtâmes devant une porte verrouillée et fermée à double ou triple serrure. Cette porte donne accès au sanctuaire, combien mystérieux et vénérable, de la Société académique de l'endroit. C'est une salle dont les murailles sont, jusqu'au plafond, garnies de vieux bouquins à reliure parcheminée. Au milieu est la table ornée d'un savant tapis, autour de laquelle les érudits Cortonnais délibèrent. C'est là qu'on discerne, en première instance, ce à quoi, dans les petites terres cuites que déterrent les archéologues, convient le nom de romain de ce qui révèle la facture étrusque.

Dans un sanctuaire encore plus reculé se conserve l'idole. L'idole, c'est une sorte de lustre de cuivre monté sur un tourniquet et posé, comme on dit vulgairement, les pattes en l'air. Il est composé d'une multitude de lampes à huile de forme antique, ornées d'une multitude de chimères et d'animaux fantastiques plus affreux les uns que les autres. Je reconnais tout l'ignoble panthéon de la vieille Etrurie.

Ah ! que j'admirerais plus volontiers la tête de femme qui, peinte sur une pierre de lave, regarde avec de grands yeux noirs largement ouverts, si vraiment, comme on le croit à Cortone, elle était l'œuvre d'un artiste grec. Mais, à cette relique d'authenticité douteuse, je préfère encore le superbe panorama qui, d'une petite fenêtre du musée, s'étend presque sans fin sur le Val di Chiana et, là-bas, là-bas, sur le lac de Trasimène.

A la Cathédrale, on rencontre un enfant de chœur très au courant des curiosités à montrer et de l'endroit précis d'où l'on doit les regarder. Il vous tire les rideaux qui cachent deux ou trois œuvres de Signorelli, dont une Immaculée Conception de symbolisme très bizarre. Il vous promène près d'un sarcophage antique qu'il prend pour le tombeau du Consul Flaminius, puis il vous mène dans une vieille église désaffectée où l'on conserve deux ou trois prédelles de fra Angelico.

M. Henri Cochin a fort bien parlé du séjour de fra Angelico à Cortone et les peintures assez banales qu'on y garde de cet artiste, servent de prétexte, dans son livre, à des pages jolies et fort érudites. Comme nous n'avons rien de savant à raconter à propos du peintre florentin, montons de suite à l'église Sainte-Marguerite.

C'est une ascension beaucoup plus pénible encore que celle de l'Hôtel de Ville.

Il faut suivre longtemps un chemin cahoteux que, paraît-il, la sainte aimait à descendre au temps de ses grandes pénitences. Après avoir beaucoup soufflé, on aboutit à une église neuve, construite en forme de basilique gothique. Au-dessus du maître autel est étendu le corps de Marguerite.

Il faudrait résumer ici la vie de cette sainte; ce serait d'abord le récit d'une idylle coupable ; on montrerait la pécheresse dans les rues de Montepulciano et dans les campagnes voisines montée sur un magnifique cheval, les cheveux tressés d'or et de perles, entourée des jeunes gens qu'attirait sa beauté. On raconterait ensuite comment, en traversant le *Val di Chiana*, alors couvert d'une immense lagune, Marguerite faillit, en compagnie du gentilhomme élégant qui l'avait séduite, être précipitée dans les flots. Mais il vaut mieux la suivre dans sa retraite pénitente au pied de la Rocca de Cortone. Oh quelle vie intérieure mena ici la recluse ! Elle s'y rappelait souvent le spectacle qui l'avait convertie : un soir, après une journée d'angoisse, une chienne fidèle avait découvert devant elle le cadavre de son amant décoloré, fétide, souillé de vermine ! Ah qu'elle avait pleuré depuis ce jour ! Combien de fois le démon, furieux d'avoir laissé échapper une âme, l'avait persécutée de ses ignobles suggestions, mais aussi comme Jésus « son maître, son époux, son Seigneur et son père » l'avait consolée ! Il lui était apparu souvent ; il lui avait adressé cette question : « Que veux-tu ma pauvre petite ? ». Mais Marguerite ne s'était pas contentée d'une appellation pourtant si douce et, à force d'austérités, elle avait enfin obtenu que son Père divin répondît à sa prière en la nommant : « Ma fille ». Depuis ce temps, elle avait effectivement sondé les plaies du Maître ; elle avait vu, de ses yeux, quelle place il lui réservait dans son cœur.

Toute à l'extase divine, elle n'avait d'ailleurs pas négligé ses frères malheureux. Elle aussi, dans la ville belliqueuse, avait apaisé bien des haines ; pour les infirmes, elle avait construit un hôpital, et, des aumônes que lui portaient là-haut les pèlerins, elle avait nourri les pauvres.

Quand elle mourut, le 22 février 1297, à l'âge de cinquante ans, un serviteur de Dieu qui demeurait à Citta di Castello la vit monter au Ciel accompagnée des âmes que ses mérites avaient délivrées du Purgatoire. Le peuple de Cortône accompagna son corps en triomphe et le déposa dans une église magnifique construite sur le lieu témoin de ses mortifications.

Aujourd'hui des Franciscains habitent encore le couvent voisin et gardent sa précieuse relique. Pendant ce mois de septembre, ils ont donné asile aux séminaristes d'Arezzo, gentils et serviables jeunes gens, qui passent près d'eux leurs vacances au grand air.

Et l'air est grand, en effet, sur la rocca, qui domine le monastère ! Et le vent fait frissonner les fleurs d'automne qui commencent à paraître dans l'herbe de la prairie.

A vos pieds, le long des rues tortueuses, les maisons de la Cité dévalent en cascades grisâtres. Bien au-dessous, s'étend la Chiana, ce marais pestilentiel dont les Italiens ont su faire une vallée fertile, et, depuis les bords du Trasimène jusqu'aux murailles d'Arezzo, et plus loin encore jusqu'aux coteaux florentins, pendent, d'ormeaux en ormeaux, des guirlandes infinies de pampres et de raisins mûrs.

Il nous fut donné de voir de tout près ces pampres et de goûter à ces raisins mûrs. Quand la voiture jaune d'hier nous eût ramenés à la gare, tout là-bas dans la vallée, on nous déclara que le train d'Arezzo avait quatre heures de retard. Ce contretemps n'étonna personne que nous, et notre indignation se heurta, près du chef de station, des employés et des cochers, à une ataraxie tout antique. Nous dûmes donc d'abord nous calmer, puis nous estimer heureux quand un de ces Catons accepta, pour neuf lires, de nous voiturer à Terontola où nous prendrions l'express. Ce voyage imprévu nous permit pendant une demi-heure de soulever des nuages de poussière à travers les vignes toscanes et, à quelques minutes du Trasimène, nous déjeunâmes d'un poulet bouilli et d'énormes raisins musqués.

Visitée après les cités d'Ombrie, la toscane Arezzo ne paraît plus pittoresque. Au sortir de la gare, une avenue large et vide rappelle trop celle qui, désormais, dans toutes les villes d'Europe, conduit les voyageurs à l'embarcadère. Rien ne serait plus banal si, du milieu d'un square de palmiers, n'émergeait, toute blanche, la statue du fameux musicien Guy d'Arezzo et si, au delà des maisons qui, au fond de la perspective, s'étagent en amphitéâtre, ne se dessinaient les rouges murailles d'une Cathédrale qui promet d'être intéressante.

Nous devions d'abord un pèlerinage aux fresques de Saint-François. Elles étaient couvertes d'échafaudages et nous eûmes trop de peine à démêler les épisodes de la légende de la Croix, pour y apprécier comme il convient une œuvre, capitale pourtant, de Piero della Francesca.

C'est avec plus d'intérêt que nous visitâmes la vénérable église *della Pieve*. Imaginez-vous la façade de la cathédrale de Pise, mais au lieu de la placer dans le grand jour de la prairie où elle s'élève, édifiez-la dans une rue étroite, parmi des échoppes borgnes d'où sort un *popolo* peu appétissant. Mais surtout, au lieu du marbre rosé par le temps, dans lequel sont si délicatement sculptées les colonnettes de Pise, construisez celles qui s'étagent ici en pierre noircie qui s'effrite. Vous aurez ainsi l'impression de cette chose très vieille qu'est la collégiale d'Arezzo. L'intérieur, avec ses immenses voûtes romanes et le ton uniformément gris de ses murailles vous transportera, lui aussi, à une époque très lointaine et qui, vue d'aujourd'hui, semble bien un peu triste.

A la Cathédrale on retrouve l'exubérance encore contenue mais déjà si riche des XIIIe et XIVe siècles italiens. Derrière l'autel s'élève un merveilleux rétable de marbre sculpté. Un tombeau d'évêque retrace la belliqueuse histoire de je ne sais plus quel prélat tout à la fois crossé et casqué. Dans les sacristies, on traverse la salle capitulaire et l'on peut s'offrir la distraction de s'asseoir sur les hautes chaises de cuir « à dos et à bras » où délibèrent les chanoines.

*
* *

Quand, sous le hall de la gare, nous attendions le train qui devait nous conduire à Florence, un vénérable ecclésiastique s'approcha de nous. Reconnaissant des prêtres français, il nous prit les mains : « Que le clergé français, nous dit-il tout ému, soit béni et remercié pour le spectacle qu'il donne à l'Eglise. L'Europe, le monde entier ont les yeux fixés sur vous. Votre fidélité au Saint-Siège, la discipline dont vous faites preuve, votre paisible courage devant les menaces de l'avenir nous remplissent tous d'admiration. Vous êtes plus que jamais les fils aînés de l'Eglise. »

Ces paroles nous allèrent au cœur. Les appréhensions que nous suggérait l'état politique de la patrie n'avaient pas un seul instant, malgré les ravissants spectacles dont nous avions joui, cessé de tourmenter nos esprits. La parole du vieux prêtre italien nous rappela notre tristesse, mais nous fournit une consolation : il nous était doux d'apprendre une fois de plus, par cette déclaration si franche, que nos frères, les catholiques de l'étranger, souffraient avec nous et comprenaient l'étendue de notre douleur.

Ces paroles nous furent si agréables que c'est sur elles qu'il plaira de terminer ce récit de voyage... D'Arezzo, en traversant rapidement Florence, Milan et le Simplon, nous regagnâmes, sans arrêt intéressant, notre ville de Châlons.

Quand, au soir tombant, nous parcourions en chemin de fer, les plaines qui avoisinent notre chère cité, nous songions en silence aux émotions ressenties en pays lointain, et il nous sembla que s'effaçait derrière nous un rêve charmant de bonheur et de beauté.

L'avenir se montrait à nous aride comme le devoir de chaque jour avant qu'on ne l'ait accompli, inquiétant comme une bataille à livrer avant qu'on ne l'ait engagée : nous foulions de nouveau le sol de la patrie, mais cette patrie d'où l'on proscrit la foi ne nous semblait plus tout à fait le pays « où l'on est bien. »

Nous chassâmes de nos esprits ces mauvaises pensées et, avec toute la générosité dont nous étions capables, nous ne vîmes plus, dans notre France, que le pays où l'on doit et où l'on veut faire du bien.

TABLE DES MATIÈRES

	PAGES
Au bienveillant lecteur......................	v

I. Frascati. — *Dimanche, 16 septembre 1906.*
— Campagne romaine. — Procession
pittoresque. — Une foule en liesse....   1

II. Viterbe. — *Lundi, 17 septembre.* — Les
Viterboises. — *Mardi, 18 septembre.* —
Chanoines hospitaliers et seigneuriale
misère. — Un conclave mouvementé.
— Moyen-âge authentique. — Sainte
Rose de Viterbe. — Tombeaux de
Papes et de Condottieri. — La Madone
des Voleurs. — Midi..................   9

III. Montefiascone et Bolsène. — Un pèlerin
peu fervent. — Mélancolie de la campagne. — La misérable Bolsène et la
chapelle du Miracle. — Solitude et
Silence. — Crépuscule................ 24

IV. Orviéto. — *Mercredi, 19 septembre.* —
Histoire. — Extérieur de la Cathédrale.
— Façade. — Intérieur. — Fresques de
l'Angelico et de Signorelli. — Parapluie
hydraulique. — L'Express de Terni... 33

V. Terni, Spoleto et Foligno. — *Jeudi, 20
septembre.* — Cascade de *Marmore.*
Ligne pittoresque et raisin succulent.
— Spoleto, la ville des voitures. —
Lippo Lippi. — 20 septembre. — La
« verte Ombrie ». — Foligno. — Une
âme du purgatoire. — Retraite aux
flambeaux.............................. 45

TABLE DES MATIÈRES.

PAGES

VI. MONTEFALCO. — *Vendredi, 21 septembre.* — Vers Montefalco. — Sainte Claire de Montefalco. — Benozzo Gozzoli. — Lumière ombrienne.................. 59

VII. ASSISE. — *Samedi, 22 septembre.* — Ce qu'on vient visiter à Assise. — M. Le Cardonnel. — Poésie platonicienne et chrétienne. — « Le début de l'initiation ». — *Beata pacis visio.* — Chez Léon et sous les oliviers.............. 67

VIII. PÉROUSE. — *Dimanche, 23 septembre.* — La Portioncule. — Paysage ensoleillé et hypogée étrusque. — Tout à Pérouse est délicieux. — Jubilation bruyante. — Paix du soir. — *Lundi, 24 septembre.* — Visions de guerre, de fête et de foi. — A la Pinacothèque. — Vannucci. — Le *Cambio.* — Le Trasimène....... 81

IX. CORTONE ET AREZZO. — *Mardi, 25 septembre.* — Musée municipal. — A la Cathédrale. — Sainte Marguerite de Cortone. — Fleurs d'automne, Caton cocher et raisins mûrs. — Arezzo. — Les fils aînés de l'Eglise. — A travers les plaines champenoises............ 99

Châlons, imp. Martin frères.

www.ingramcontent.com/pod-product-compliance
Lightning Source LLC
Chambersburg PA
CBHW070522100426
42743CB00010B/1910